세상을 바꾼

이슬람

아시아와 유럽을 연결한
이슬람 문명

세상을 바꾼 이슬람
아시아와 유럽을 연결한 이슬람 문명

초판 1쇄	2015년 3월 10일
개정판 2쇄	2024년 12월 30일
지은이	이희수
펴낸이	김한청
기획편집	원경은 차언조 양선화 양희우 유자영
마케팅	정원식 이진범
디자인	이성아 황보유진
운영	설채린
펴낸곳	도서출판 다른
출판등록	2004년 9월 2일 제2013-000194호
주소	서울시 마포구 동교로27길 3-10 희경빌딩 4층
전화	02-3143-6478
팩스	02-3143-6479
블로그	blog.naver.com/darun_pub
인스타그램	@darunpublishers
이메일	khc15968@hanmail.net
ISBN	979-11-5633-494-1 43910

뉴스레터 구독   다른 인스타그램

세상을 바꾼
이슬람

아시아와 유럽을 연결한
이슬람 문명

이희수 지음

다른

차례

머리말: 우리 삶 깊숙이 들어온 이슬람 문화

아침 일찍 일어나 샤워를 하고 순면cotton 타월towel로 몸을 닦은 뒤 오렌지orange 한 개와 캐비아caviar를 올린 샌드위치, 커피coffee 한 잔으로 아침을 먹고 출근했다. 해외 업체와 관세tariff 문제를 절충하다가 결국 외화 수표cheque를 보내 주기로 했다. 점심에는 사프란saffron을 넣은 카레curry를 먹고, 아이스티에 설탕sugar 대신 시럽syrup을 넣어 마셨다. 창가에 앉아 조용히 음악music을 듣고 있으니 창밖의 튤립tulip과 라일락lilac이 오늘따라 더욱 청초해 보인다. 퇴근해서는 텔레비전을 보며 소주aragi 한 잔을 마셨다. 재스민jasmine 향을 뿌린 욕조bathtub에 몸을 담그고 하루의 피로를 풀었다. 부드러운 모슬린muslin 파자마pajamas로 갈아입고 침대에 누워 어제 읽던 《연금술사》alchemist를 마저 읽었다. 《연금술사》는 알코올alcohol 증류법과 알칼리alkali 같은 화학chemistry 관련 내용은 물론 철학philosophy, 천문학astronomy, 물리학physics, 대수학algebra 같은 폭넓은 지식을 담은 책이다.

이 정도면 근사한 하루다. 위의 문장에서 영어 단어들은 아랍어, 페르시아어, 터키어 등 이슬람에서 만들어진 용어이거나 적어도 이슬람권에서 맨 먼저 시작되어 유럽에 전해진 산물의 이름이다. 이처럼 이슬람 문화 요소는 우리 일상에 깊숙이 들어와 있다. 대부분의 사람은 중동과 이슬람 세계를 '건설, 석유, 테러'라는 세 가지 키워드로만 바라본다. 언제까지 이런 단편적인 시선으로 이슬람 세계를 대할 것인가? 이제는 우리가 갖고 있던 인식의 한계를 뛰어넘어야 한다. 이슬람 세계의 예술과 역사, 인문학적 가치와 세계관을 폭넓게 살펴볼 수 있어야 지구촌의 4분의 1을 차지하는 문화권과 소통하고 협력할 수 있다.

이슬람 문화는 우리 문화의 바탕에도 단단하게 자리 잡고 있다. 이슬람 문화의 파고는 한반도의 신라 사회에까지 파고들었고, 이미 8세기경에 콘스탄티노플과 바그다드, 장안과 경주 사이에 거의 '동시 패션 시대'라고 할 만큼 친숙한 문화 공간이 펼쳐졌다. 신라는 세상의 흐름에 문명의 안테나를 세우고 실크로드를 통해 앞선 문화와 기술을 온몸으로 받아들여 삼국 통일을 이루었다. 세계 최고 수준을 자랑하던 이슬람 문화의 다양한 요소가 고려 말에서 조선 초까지 한반도로 밀려들어 와 우리 문화를 살찌웠다. 공예와 철기 기술은 물론 소주와 음식 문화, 역법과 과학 기술에 이르기까지 인적, 물적 교류를 통해 이슬람 문명은 다른 세상은 물론 우리에게도 적지 않은 영향을 끼쳤다.

이토록 일상 깊숙이 이슬람 문화와 함께 살아오면서 문화적으로 많은 신세를 져 왔는데, 우리는 왜 이슬람을 부정적인 이미지가 가득한 채

전근대적이고 세련되지 못한 문화로 여겨 왔을까? 그것은 바로 이슬람 세계가 중세에 이룩한 화려한 문명과 과학적 업적을 산업혁명 이후 유럽을 통해 받아들였기 때문이다. 다시 말해 서양 중심의 역사에서 이슬람 문명이 철저히 소외되었기 때문이다. 그 결과 중세 유럽이 암흑기를 보내며 허덕일 때 유럽 문명의 스승이자 어머니 역할을 한 이슬람 문명이 어떤 공헌을 했는지 제대로 배우지 못했다.

이슬람은 아라비아 반도에서 출발해 북아프리카를 거쳐 800년간 이베리아 반도^{오늘날의 에스파냐}에서 학문과 문화의 꽃을 찬란하게 피웠고, 유럽 르네상스의 지적 원동력이 되었다. 중세 최고의 학문 전당이던 바그다드의 지혜의 집^{바이트 알히크마}에서는 한때 수백 명의 학자들이 연구와 강의를 했고, 새로운 지식을 지구촌 구석구석으로 실어 날랐다. 그러나 지난 1,400년 동안 유럽과 이슬람 세계는 지배와 피지배 관계를 되풀이했고, 유럽인들에게 이슬람 세계의 공격은 '황색 공포'로 여겨졌다.

이슬람의 유럽 공격은 8세기부터 맹렬한 기세로 이베리아 반도와 비잔틴 제국 양 방향으로 동시에 진행되었다. 결국 이베리아 반도 대부분은 711년부터 1492년까지 긴 세월 동안 이슬람의 지배를 받았다. 동쪽의 비잔틴 제국도 이미 7세기 중엽에 아랍 세력에게 레반트 지역^{시리아-요르단-레}

바논 지역을 점령당한 후, 11세기부터는 아나톨리아를 중심으로 아시아 영토 대부분을 셀주크 튀르크에게 빼앗겼다. 결국, 1453년에는 콘스탄티노플 함락으로 비잔틴 제국이 멸망하는 상처를 안게 되었다. 이리하여 18세기경까지 유럽은 발칸 반도를 중심으로 오스트리아의 비엔나 앞까지 이슬람이 지배하는 상황이었다. 이슬람 세계에 대한 서구의 두려움과 혐오, 즉 이슬람 공포증이 오늘날까지 지속되는 역사적 배경이다.

이러한 갈등 관계 때문에 서양 중심의 역사 서술에서 이슬람 세계는 철저히 무시되거나 심지어 많은 부분에서 악마적 존재로 취급되었다. 따라서 중세 유럽과는 비교되지 않을 정도로 세계 최고 수준을 자랑하던 이슬람 문명과 과학, 사회 조직, 복지, 의료, 군대 제도의 특징은 물론 이슬람 세계가 인류 문명에 기여한 모든 것에 대해서 매우 인색하게 다루었다. 처음부터 이슬람 문화의 실체를 균형 있게 들여다볼 수 없었던 것이다.

19세기 말 이후 유럽이 구축한 세계사가 오늘날까지도 우리 인식의 중심에 무겁게 자리 잡고 있다. 그들은 유럽 역사의 뿌리를 로마에 두면서 적대적 이교도 문화권인 그리스 문명마저 유럽의 액세서리로 축소해 버렸다. 그리고 그들에게 먼 나라 이야기인 동양 역사에 대해서는 아예 무관심했다. 다윈의 진화론과 백인 우월주의, 서구 기독교 중심 사상이 절대적 보편 가치인 시기였으니 당연한 결과였을 것이다. 하지만 문제는 아직도 우리의 세계 역사 인식이 그러한 왜곡된 서구 중심의 역사 구도에서 벗어나지 못하고 있는 점이다.

이러한 현상은 우리나라 세계사 교육에도 그대로 반영되어, 이슬람 역사는 동서양으로 이분화된 역사의 어느 쪽에도 끼지 못하는 기형적인 구도가 굳어졌다. 동양사는 중국 중심, 서양사는 유럽 중심이 되어 버렸다. 그리하여 오늘날 한국의 어느 대학에서도 이슬람 역사를 제대로 가르치지 않는다. 따라서 온전한 인류 역사를 복원하고 보편적인 역사 인식을 갖기 위해서는, 서양 중심의 역사에서 잘려 나간 이집트, 메소포타미아, 인더스 같은 고대 문명을 제대로 재해석하고 편견과 오류로 뒤덮인 이슬람 역사를 바로잡는 일이 시급하다.

서구 언론이 퍼뜨린 테러와 폭력이라는 이슬람의 이미지에서 벗어나 우리 눈으로 이슬람을 바라볼 때가 되었다. 이제는 이슬람 세계가 성취한 수준 높은 문명과 과학, 학문적 결실이 어떻게 유럽을 일깨우고 세상을 바꾸었는지 제대로 이해해야 한다. 그러기 위해서는 이슬람 문화가 인류 문명에 끼친 공헌은 물론 우리 삶 속에 깊숙이 들어와 빛을 발하는 인문학적 가치를 발견해 내는 작업이 중요하다. 이슬람이 우리에게 던져 준 인문학적 선물을 살펴보고 제대로 이해하는 일은 온전한 인류 역사의 흐름을 바로잡는 일과도 상통한다. 이 책이 그동안 버려두었던 57개국 21억, 이슬람 문화권을 온전한 지구촌 식구로 받아들이는 선물이 되기를 고대한다.

이 책은 출간 후 10년 동안 재쇄와 개정판을 거듭하면서 많은 독자의 사랑을 받았다. 그동안 이슬람 세계에도 크고 작은 변화들이 있었다. 알카에다와 IS^{이슬람국가}라는 괴물이 인류를 위협했고, '아랍의 봄'이라 불리며 기대를 모았던 민주화 운동은 그 열기를 잇지 못해 이슬람 사회는 차디찬 겨울로 되돌아갔다. 현재 시리아와 예멘, 리비아에서는 내전이 계속되고 있고, 이스라엘은 국제 사회의 종전 호소에도 팔레스타인 가자 지구의 하마스와 레바논의 헤지볼라를 공격해서 수많은 민간인을 희생시키는 전쟁을 1년 넘게 벌였다. 2024년에 도널드 트럼프가 미국 대통령으로 다시 당선되면서 이란을 고립시키기 위해 시리아와 이라크에 대한 공격이 커지고 있어 중동 평화의 길은 더 멀어져만 가고 있다. 더욱이 중동의 석유가 필요 없어진 미국이 이라크와 아프가니스탄에서 군대를 철수하면서, 힘의 공백을 둘러싼 새로운 파워 게임이 본격화되고 있다.

1

이슬람에 대한 오해

생활 종교로 뿌리내린 이슬람

이슬람은 유일신 '알라'를 믿는 종교다. 알라로 불리는 하느님은 '전지전
능하고, 절대자이고, 유일하고, 우주 삼라만상을 만든 창조주'다. 따라서
알라는 기독교의 하느님과 다를 수 없는 존재다. 이슬람에서는 아담에서
아브라함, 모세, 예수로 이어지는 《성서》에 기록된 많은 선지자들을 시대
적 임무를 띤 훌륭한 인간 예언자로 인정하고 추앙한다. 무함마드는 예
수 이후에 신이 보낸 마지막 인간 예언자로서, 앞선 복음을 완성하는 사
명을 부여받았다고 본다. 즉, 이슬람교는 신 앞에 만민이 평등하고, 신과
인간 사이에 어떤 중개자도 두지 않는다고 가르친다.

이슬람은 예수를 통한 구원을 강조하는 기독교 사상과 근본정신이
다르다. 이슬람은 현세에서 행한 선악의 경중에 따라 최후의 날에 신의
심판을 받아 천국에서 구원받거나 지옥에서 응징당한다는 내세관을 갖
고 있다. 그리고 모든 것은 신이 정한 법칙에 따라 움직이고 예속된다는
믿음이 있다. 도박, 마약, 고리대금, 술, 돼지고기, 이슬람식으로 도살되지
않은 육류를 금하고, 특수한 상황에 한해 일부다처를 허용한다.

이러한 이슬람의 가르침은 5대 의무와 6대 믿음으로 압축되는데, 이
를 '오주육신'五柱六信이라고 부른다. 이슬람의 가르침은 《꾸란》에 집대성되
어 있다. 또한 《꾸란》과 함께 무함마드의 언행을 기록한 《하디스》가 삶의
구체적 지침이 되고 있다. 무슬림이슬람교도들의 다섯 가지 의무는 유일신인
알라만을 믿으며 무함마드가 그의 예언자임을 선서하는 신앙 고백을 하
고, 하루 다섯 차례 예배를 드리고, 자선을 위한 종교세를 내고, 라마단

사우디아라비아 메카에 있는 카바 신전에 모인 순례자들.
매년 약 350만 명의 무슬림들이 모여든다.

기간 동안 해가 떠 있을 때 단식을 하고, 평생에 한 번은 이슬람 최고 성지인 메카를 순례하는 것이다.

놀랍게도 이 다섯 가지 의무는 이슬람교가 생겨나고 1,400년이 지난 지금까지 그대로 지켜지고 있다. 이는 종교적 가르침이 관념에 머물지 않고 실제 삶에 파고들어 생활 종교로 뿌리내렸기 때문이다. 예를 들면 하루 다섯 번 행하는 예배는 일상을 정화하고, 정신적 삶을 풍요롭게 해 주었다. 또한 약자와 가난한 이들을 위한 공동체 의식에서 출발한 한 달간의 라마단 단식과 일종의 종교 세금인 자카트는 자본주의의 폐해가 극에 달한 21세기에 들어오면서 나눔과 건강 유지, 갈등 치유의 상징으로 커다란 의미를 갖게 되었다.

인간 무함마드에서 종교 지도자 무함마드까지

이슬람은 610년 사우디아라비아의 오아시스 도시 메카에서 무함마드가 알라의 계시를 받아 완성했다. 성인 가운데 이슬람을 완성한 무함마드만큼 평가가 극단적으로 갈리는 인물은 드물다. 서구 사회에서는 주로 악평이 많다. 기독교를 기만한 이단아, 사탄의 잠꼬대에 불과한 경전의 저자, 무자비한 정복자, 사회 선동가, 성도착자……. 21억 명의 신자를 거느리며 날로 확산되어 가는 세계 종교를 완성한 예언자에게 걸맞은 평가로 보이지는 않는다.

중세 교황청은, 사막의 신인 무함마드를 추종하는 무리와 함께 호흡

이슬람 미술에서는 무함마드의 얼굴을
표현하는 것이 금기시되어 꼭 표현해야 할
경우 얼굴을 베일로 가려 직접적인 묘사를
피한다.(위키피디아)

할 수 없다고 공개적으로 밝혔다. 이런 생각은 이교도에 대한 무자비한 대량 살육의 길을 열어 주기도 했다. 서구 기독교 사회에서는 예수를 신의 아들이 아닌 인간 예언자로 추앙하는 이슬람을 용서할 수 없었다. 이슬람의 예언자 무함마드를 있는 그대로 받아들이기는 더더욱 쉽지 않았을 것이다. 흔히 이슬람을 폐쇄적인 종교라고 생각하는데, 당시만 해도 다른 종교와 공존할 수 없다고 생각하며 배척한 쪽은 서구의 기독교였지 이슬람 사회가 아니었다.

무함마드는 570년경 메카에서 가난한 명문 귀족의 유복자로 태어났다. 그의 가족사는 불운의 연속이었다. 그는 아버지를 보지 못했고, 여섯 살 때 어머니마저 병으로 잃었다. 당시 아랍 유목 부족의 관습에 따라 할아버지 밑에서 자랐고, 2년 뒤 할아버지가 죽자 숙부의 보호를 받게 되었다. 고아가 되어 일찍이 독립한 무함마드는, 당시 밑천 없이 뛰어들 수 있는 카라반낙타나 말에 짐을 싣고 사막, 초원을 지나 먼 곳까지 가서 특산물을 사고파는 상인 집단의 낙타 몰이꾼으로 사회생활을 시작했다. 그는 성실하고 정직했으며 탁월한 협상가이자 중재자였다. 그의 정직함과 사막 교역에서 분쟁을 조정하는 놀라운 능력은 자본가들의 관심을 끌었고, 당시 메카의 상인이던 카디자에게 고용되었다. 미망인이던 카디자는 무함마드의 성실성과 매력에 끌려 그에게 청혼한다. 이때 무함마드의 나이 25세, 카디자는 15세 연상인 40세였다.

무함마드는 결혼 후 여유로운 환경에서 그동안 품어 오던 사회적 악습과 모순에 대해 고뇌하면서 명상을 시작했다. 40세가 되던 610년, 드디어 메카에서 가브리엘 천사의 인도로 알라의 첫 계시를 받았다. 알라가 글자와 학문에 무지한 무함마드를 선택해 22년에 걸쳐 내려 준 계시는 《꾸란》으로 집대성되었다. 이슬람을 완성한 무함마드는 632년에 마지막 아내 아이샤의 품에서 조용히 눈을 감았다. 숨을 거둔 뒤 소박한 장례 절차를 거쳐 아이샤의 집에 묻혔는데, 지금은 메디나 모스크이슬람 사원 안의 예언자 묘소 자리가 되었다.

무함마드는 그 누구도 범접할 수 없는 카리스마와 인간적인 성품으로 21억 명의 무슬림을 사로잡았고, 지금도 무슬림들의 마음에 생생하게 살아 있다. 무함마드의 어떤 점이 1,400년이라는 오랜 시간 동안 그토록 많은 사람들을 붙잡아 두고 일상에서 그를 역할 모델로 끌어안고 살아가게 하는 걸까?

첫째, 무함마드는 유산을 남기지 않았다. 죽을 때 아내^{아이샤}에게 집안의 모든 재산을 정리하라 이르고, 정리한 재산 전부를 가난한 사람들에게 나누어 주라고 했다. 이 전례는 이슬람 사회에서 유산 대부분을 국가와 가난한 이웃에게 환원하고, 최대 3분의 1 이하만 자식에게 물려주는 유산 상속의 전통이 되었다.

둘째, 그는 후계자를 지명하지 않았다. 혈통보다는 능력과 지도력을 높이 평가하는 전통을 만들었다. 그의 후계자는 '슈라'라는 부족 공동체 대표자 회의에서 만장일치로 추대되었다. 따라서 지금의 혈통 중심의 아랍 왕정들은 이슬람 전통에 어긋난 정치 형태인 셈이다.

셋째, 무함마드는 순수한 인간이었다. 그는 어떠한 기적도 행하지 않았으며 결단코 신이 되기를 거부했다. 그가 죽은 뒤 많은 추종자들이 그를 신격화하려 했을 때, 후계자 아부 바크르[573~634]는 무함마드의 뜻에 따라 다음과 같은 말을 남겼다. "무함마드를 섬기고 경배하지 말라. 그는 죽어 없어졌다. 하느님을 섬기고 복종하라. 그분은 영원히 살아 우리와 함께 계실 것이다."

넷째, 무함마드는 적에게 관용을 베풀고, 가난하고 버림받은 자들에게 낮춤의 자세를 보였다. 아무리 치명적인 손해를 끼친 적이라 하더라도 용서를 빌고 복종하는 자에게는 자비를 베풀어 철저히 자신의 편으로 만들었다. 전쟁에서 전사한 동료의 가족은 물론 적의 가족까지 헌신적으로 보살폈다. 그에게 보호를 요청하는 사람들이 늘어나는 것은 당연한 일이었다.

다섯째, 그는 종교적 열정과 온화함을 조화롭게 행동으로 보인 지도자였다. 나아가 모든 어려움을 앞장서 막아 내는 불굴의 정치 지도자였다. 대부분의 종교 창시자가 자신의 근거지를 떠나 새로운 세상에서 뜻을 펼쳤다. 그러나 무함마드만은 박해의 진원지인 그의 고향 메카를 설득과 용서를 통해 재정복했다. 그리하여 메카는 무함마드를 보호해 주는 가장 든든한 지지 기반이 되었다.

여섯째, 그는 여성에 대한 지위와 인식을 혁명적으로 바꾼 이슬람의 페미니스트였다. 여성이 노예로 매매되고 남성의 장식물로 여겨지던 시대에 여성을 완전한 인격체로 존중하라고 명했으며 여성에 대한 상속을 법률로 규정했다. 그는 세상에서 가장 고귀한 존재가 누구냐는 제자의 물음에, 첫째도 둘째도 셋째도 어머니라고 대답하면서 미래의 어머니인 여성에 대한 배려와 사랑을 강조했다.

이처럼 무함마드 지도력의 근간은 비움과 베풂, 정직과 관용, 합리적인 현실성이었다. 무함마드는 당시로서는 상상조차 하기 힘들 정도로 여성의 존귀함을 강조하고, 여성에 대한 상속을 제도화한 여권 혁명가였으며 개혁 사상가였다. 이러한 무함마드의 진면목을 이해하지 않고서는 오늘날 이슬람 세계를 제대로 이해하기는 어렵다.

632년 무함마드는 불편한 몸으로 추종자 10만 명을 이끌고 메카 순례를 떠났다. 이미 그는 죽음을 예견했고, 마지막 순례가 될 것을 짐작했다. 그는 메카 외곽의 아라파트 동산에 올라 유명한 고별 연설을 했다. 이 연설문에 이슬람에 대한 자신의 이상을 밝히고, 무슬림에 대한 절절한 당부를 담았다. 고별 연설 직후 무함마드에게 신의 마지막 계시가 내렸다. "오늘 내가 너희를 위해 종교를 완성했고, 나의 은총이 너희에게 충만하도록 하였으며, 이슬람을 너희의 종교로 만족케 하였느니라." 꾸란 5장 3절

무함마드는 한 인간으로 태어나서 모든 것을 비우고 돌아가는 지극히 평범한 죽음을 맞았다. 보통 사람으로 태어났고, 결코 어떤 기적도 행하지 않았으며, 죽음 뒤의 신비도 갖추지 못했다. 철저히 인간으로 남은 그의 생애야말로 일반 무슬림의 마음속에 영원한 지도자로 살아남은 진정한 배경이 아닐까?

일부다처제에 대한 오해

무함마드는 생전에 열두 명의 여성과 결혼했다. 이런 이유로 서구 학자들 사이에서는 무함마드의 여성 편력을 비판하는 목소리가 높다. 그러나 당시 상황을 곰곰이 따져 보면 최고 정치 지도자로서 공동체 유지와 확대를 위한 전략적인 목적이 더욱 중요했음을 알 수 있다.

일부일처를 고집하는 것보다 일부다처를 허용하는 사회가 위기 상황에서 공동체 생존 전략을 마련하는 데 유리한 경우가 있다. 인류 역사에서 이런 경우를 종종 확인할 수 있다. 이것은 윤리의 문제를 뛰어넘는 생존의 문제다. 이슬람의 다처주의를 이해하려면 시대적 상황을 이해할 필요가 있다.

7세기 초 이슬람 국가가 건설될 당시 사냥과 약탈, 전쟁이 생존의 수단이 되는 사막 오아시스에서 여성이 혼자 살아간다는 것은 죽음을 의

미했다. 이슬람 초기 잇따른 전투에서 많은 남성들이 사망하자 과부와 고아가 늘어났고, 그들을 구제할 수 있는 효과적인 방법은 한 남자가 여러 아내를 맞아들이는 것이었다. 그래서 초기 이슬람 사회에서는 일부다처제를 받아들일 수밖에 없었다. 622년 메디나에서 새로운 공동체를 건설한 무함마드는 생산력을 가진 남성이 절대적으로 부족하자 알라에게 해결책을 달라고 간곡하게 기도한다. 이때 응답으로 내린 계시가 일부다처를 허용한 율법이다. 다만 무분별하게 여러 아내를 취하는 것을 막기 위해 최대 네 명으로 제한했다. "만일 너희가 고아들을 공평하게 대해 줄 수 없을 것 같은 두려움이 있다면 결혼을 할 것이니 너희가 마음에 드는 여인으로 둘, 셋, 또는 넷을 취할 것이다. 그러나 그녀들을 공평하게 대해 줄 수 없을 것 같은 두려움이 있다면 한 여인이나 너희 오른손이 소유한 것^{노비}을 취할 것이다. 그것이 너희가 부정을 범하지 않을 최선의 길이다." ^{꾸란 4장 3절}

당시 아라비아 반도에서는 일부다처제가 오랜 관습이었는데 무함마드는 오직 카디자 한 명만 부인으로 두었다. 그러나 카디자가 죽고 나서 5년도 안 되어 일곱 명의 아내를 두었으며, 2년 뒤에는 아내가 아홉 명으로 늘어났다. 당시 유목 오아시스 사회에서는 오랜 전쟁과 기근으로 남편이나 부모, 남자 형제의 도움 없이 여자 혼자 살아가는 것은 거의 불가능한 상황이었다. 따라서 공동체의 발전과 여성들의 생존을 위해 일부다처제가 상당한 미덕으로 받아들여졌다. 이러한 때 무함마드는 전쟁 중에 죽은 동료들의 가족을 보살피기 위해 미망인들과 차례로 결혼했고, 그들의 자식을 보살폈다. 이러한 무함마드의 정신은 그가 많은 여인들과 결

아라비아 남단의 향료 도시 오만의 살랄라. 니캅을 쓴 여인이 가게를 운영하며
일하는 여성의 당당함을 보여 주고 있다.

혼했지만 죽음을 맞이할 때는 '파티마'라는 외동딸 하나만 둔 사실에서
도 명백하게 드러난다.

　전통적으로 서아시아의 아랍 사회는 일부다처가 성행했다. 구약에
나오는 솔로몬과 다윗, 아브라함 같은 훌륭한 선지자들도 일부다처주의
자였다. 이슬람 이전 아랍 사회의 여성들은 재산으로 간주되어 시장에
서 상품처럼 거래되었고, 남성에게 예속된 성적 노예나 마찬가지였다. 인
구가 과잉된 상태에서는 필요에 따라 여아를 살해하는 관습도 통용되었
다. 이런 비참한 상황에서 여성들을 보호하기 위해 까다로운 조건을 내
세워 네 명의 아내를 허용하는 제도를 《꾸란》에 마련해 놓았다. 신랑은
결혼할 때마다 여성의 노후 안전 자금에 해당하는 상당한 액수의 결혼

지참금마흐르을 신부에게 지불하도록 명문화했다. 모든 아내의 상속 지분은 동일하고, 아내들 간의 사회적 편견이나 차별도 없었다. 그리고 네 아내의 자식들 모두 적자로 인정해 법적, 사회적 차별이 없게 했다. 잠자리도 공평하게 해야 하고, 선물을 살 때도 반드시 아내 수만큼 준비해야 한다. 그리고 두 번째 부인을 얻기 위해서는 첫째 부인의 동의를 얻도록 했다. 네 번째 아내를 얻기 위해서는 첫째, 둘째, 셋째 부인의 동의를 모두 얻어야 하기 때문에 현실적으로 불가능한 경우가 많다. 이처럼 일부다처제를 유지하기 위해서는, 남편은 아내들을 편애 없이 공평하게 대해야 한다는 종교적 신앙에 가까운 단서가 붙어 있다. 공평성이 지켜지지 않으면 이 제도는 성립할 수 없고, 혹 결혼했어도 아내가 합법적으로 이혼을 요구할 수 있다.

일부다처제를 지탱하는 공평성의 주요 내용으로는 아내들의 공동 거주, 공정 부양, 공평 상속이 있다. 그런데 이러한 공평성은 지키기 어려울 수밖에 없다. 이에 대해《꾸란》은 아내들을 "공평하게 대하기는 어려울 것"이나 그렇다고 "다른 아내들을 무시하고 한 아내만을 편애해서는 안 된다."라고 경고하고 있다. 이와 더불어 한 남편이 여러 아내를 부양해야 하는 부담을 감안할 때, 일부다처제는 애초부터 일정한 조건에서만 허용되고 가능한 혼인 제도이다.

그러나 이슬람의 인류애적인 근본정신을 버린 채 일부 아랍 국가에서 남성들이 자신의 사회적인 신분을 과시하는 수단이나 성적 욕구를 충족하기 위해 일부다처제를 악용하는 것이 문제다. 이것은 비난받아 마땅하다. 오늘날 일부다처가 성행하는 것으로 알려진 아랍 국가들의 다처

비율도 전체 인구의 5퍼센트 정도다. 현재 이슬람 국가에서는 비아랍 국가를 중심으로 일부다처를 법으로 금지하는 추세가 확산하고 있다. 이슬람의 일부다처제는 아프리카의 무분별한 다처주의를 개선해 아프리카가 이슬람화하는 데 긍정적으로 작용했다.

이슬람의 자선과 복지

'나는 존재한다. 우리가 존재하기 때문이다. 우리가 존재하기 때문에 내가 존재한다.'

공동체의 일원으로서 존재감을 확인하는 이슬람 사회의 가장 큰 특징을 보여 주는 말이다. 개인주의가 널리 퍼진 서구 사회와 가장 뚜렷하게 구분되는 삶의 특징이다.

이슬람 사회의 공동체 정신과 가족 중심주의는 동양적 전통과 많은 부분을 공유하면서 이슬람이 아시아 사회에 뿌리를 내리는 기초가 되었다. 이슬람은 아랍에서 아랍인 예언자에 의해 아랍어로 계시되었지만 현재 이슬람 인구의 약 70퍼센트가 인도네시아, 인도, 파키스탄, 방글라데시, 말레이시아, 브루나이, 우즈베키스탄, 카자흐스탄 같은 아시아에 거주하고 있다. 무엇보다 남녀가 내외하는 풍습과 연장자, 교수, 상사에 대한 존중과 배려, 대가족 제도, 상부상조의 공동체 정신은 아시아 문화, 나아가 다른 세상에도 적지 않은 영향을 끼치고 있다.

이슬람의 이러한 공동체 정신과 가족 중심주의는 평범한 일상에서도 뚜렷하게 나타난다. 맨 먼저 자신의 재산과 수입을 나누는 것을 종교적 의무로 정해 놓았다. 이를 '자카트'라고 하는데, 다른 종교처럼 십일조라는 엄격한 강제 규정을 적용하지 않고 자율성이 주어진다. 희사^{기부}하는 비율도 수입의 40분의 1로 부담이 크지 않고, 희사금을 내는 시기나 납부처도 스스로 선택할 수 있다. 종교적 의무인 자카트와는 별도로 '사다카'라는 자율적 희사 제도도 열려 있다. 공존과 나눔 정신이 가장 중요한 종교적 덕목으로 일상생활 속에 단단히 뿌리내리고 있는 셈이다.

이슬람에서는 자본주의와 개인 재산을 인정하지만 개인이 축적한 재산은 어디까지나 신의 영역에 속한다는 절대적 한계가 있다. 개인이 모은 재산은 신이 현세에서 맡긴 것일 뿐이며, 다른 사회 구성원의 협력과 희생 위에서 얻어진 결과라고 생각한다. 이런 정신은 '삼분 상속'이라는 오랜 이슬람 관습에서도 나타난다. 유산의 3분의 1은 일종의 상속세로 국가에 헌납하고, 3분의 1은 자선단체나 가난한 이웃에게 희사하고, 나머지 3분의 1을 가족에게 물려준다. 자식들의 몫도 전부 상속하기보다는 자발적 의사에 따라 기부하는 경우가 많다.

이슬람 국가에서는 '와카프'라는 자선단체가 조직적으로 운영된다. 와카프는 가난한 사람들의 구호와 복지를 펼치는 데 1,000년 전부터 실질적인 역할을 하고 있는 기구다. 현재 와카프는 많은 이슬람 정부에서 하나의 조직으로 승격되었다. 일부 국가에서는 종교적인 색채가 강하기도 하지만, 대체로 정부 조직 중에서도 가장 중요한 위치에 있다. 와카프야말로 오늘날 서구 사회에 널리 있는 복지재단이나 자선단체의 전형이라 할 수 있다.

인도네시아 아체 지역의 여학생들. 인도네시아는 인구의 약 87퍼센트가 이슬람교를 믿는다.

제도가 아무리 좋아도 사람들의 참여가 없으면 지속적으로 유지하기가 어렵다. 또한 물질만 제공하고 정작 이웃에 대한 공감이나 교감은 없다면 진정한 나눔이라고 보기 어렵다. 이슬람은 물질적 나눔을 뛰어넘고자 한다. 고통을 분담하고 영적인 교감을 통해 하나의 공동체임을 확인하고 서로 감사하는 일을 수행한다. 라마단 의식이 바로 그것이다.

공동체 정신을 실천하는 라마단

모든 무슬림은 해마다 이슬람력의 아홉 번째 달, 한 달 동안 단식을 한다. 이 기간 중에는 해가 질 때까지 아무것도 먹거나 마시지 않으면서 자신을 정화하고 인내한다. 해가 있는 낮 동안은 물 한 모금 마시지 않으며 철저히 단식하지만, 해가 뜨기 전 일찍 일어나서 미리 새벽 식사를 하고 해가 진 뒤에도 식사를 할 수 있다. 사실 점심 한 끼 굶는 셈이지만, 더운 날씨에 물까지 마시지 못하니 그 고통은 매우 크다. 《꾸란》에서는 "흰 실과 검은 실이 구분되는 시점부터 단식을 시작하라."라고 가르치고 있으니 해가 뜨기 훨씬 전의 여명기부터 단식을 시작하는 셈이다.

이슬람 국가에서는 새벽이 되면 모스크에서 나온 북치기가 동네를 돌면서 북을 두드려 사람들을 깨운다. 라마단 기간에도 일상생활을 계속하기 때문에 자칫 늦잠을 자서 음식을 먹지 못하고 단식을 시작하면 건강에 해롭고 일을 제대로 할 수 없기 때문이다. 이른 식사를 한 뒤 해가 뜨면 단식하고, 일몰을 알리는 아잔 소리와 함께 단식이 끝난다. 아잔

큰 소리로 예배 시간을 알리는 무아진. 무아진은 하루에 다섯 번, 아잔을 외친다.

무슬림들은 라마단 기간 동안 해가 뜨기 전에 기름진 음식을 피해 식사를 한다.

은 예배가 시작됨을 알리고 예배를 보러 오라고 외치는 낭송이다. 아잔을 부르는 사람을 '무아진'이라고 한다. 전통 시대에는 모스크 첨탑 위에서 육성으로 아잔을 외쳤다. 아잔이 들려오면 물과 우유 같은 가벼운 음료로 입을 적신 다음 대추야자나 가벼운 죽으로 식사를 시작하고, 저녁 예배를 마친 뒤 밤늦도록 만찬을 즐긴다. 만찬이 끝나면 '따라위 예배'라 하는 기나긴 단식 예배를 드리면서 종교적 열정을 불태운다.

이슬람의 단식은 '사움'이라고 하지만 단식하는 달 이름을 그대로 따서 흔히 '라마단'이라고 한다. 라마단의 의미는 깊고, 공동체 지향적이다. 공동체를 함께 만들어 가는 구성원이 부유하든 가난하든 권력자이든 평범한 시민이든 모두 같은 조건에서 하느님이 명한 고통을 체험하는 것이다. 함께 굶고, 함께 나누는 과정을 경험하면서 억울한 자, 가난한 자, 빼앗긴 자의 고통과 소외, 배고픔을 직접 느끼게 된다. 1,400년 동안 라마단을 통해 무슬림들은 좀 더 공평하고 공정한 사회를 꿈꾸며 단식을 실천해 오고 있다. 실제로 라마단 단식이 끝난 직후 기부와 선행이 집중되는 현상이 이러한 취지를 잘 대변해 준다.

단식은 종교적으로는 무슬림들에게 도덕적 절제를 훈련하는 장이기도 하다. 그래서 무슬림들은 라마단 기간이 아니더라도 부정이나 유혹에 흔들릴 때 단식을 곧잘 한다. 또한 단식을 제대로 하면 건강을 회복하는 기회가 되기도 한다. 더운 지역에서 육식 위주의 기름진 식사를 하고, 운동이 절대적으로 부족한 환경에서 단식은 체중 조절에 탁월한 방법이다. 나아가 규칙적인 단식은 잔병을 없애 무슬림들의 수명 연장에도 크게 기여한다. 단식이 끝나면 무슬림들은 서로 체중 감량을 자랑하며 단식의 또 다른 열매를 맛본다. 이 시기는 일종의 국민 다이어트 기간인 셈이다. 혼자서는 쉽지 않은 음식 조절을 사회 구성원 전체가 함께하고, 알라께도 좋은 점수를 딸 수 있으니 무슬림들에게는 일거양득인 셈이다. 이런 배경 때문에 평소에는 예배도 잘 드리지 않고 계율을 지키지 않던 신자들도 라마단 기간만큼은 철저하게 단식을 하는 경우가 많다. 그러나 최근 들어 일부 아랍 사회에서 신성한 단식 의무가 변질되어 가는 현상이 나타나고 있다. 경제적인 여유가 생기면서 단식을 준비하는 과정에 지나치게 돈을 쓰고, 소비가 급증해 단식 이전보다 오히려 생활비를 더 많이 쓰고 있다.

라마단 단식은 모든 무슬림이 같은 시간에 꼭 지켜야 하는 절대 의무는 아니다. 14세 이하의 아이, 지적장애인, 노약자, 단식을 하면 건강이 악화될 수 있는 환자, 장거리 여행자, 임신부와 수유기 산모, 생리하는 여자들은 상황이 정상화될 때까지 단식을 연기할 수 있다. 라마단 기간 단식을 하지 못할 상황이 생기면 편한 날을 잡아 부족한 날만큼 채우면 된다. 또한 단식을 하다가 무심코 규칙을 어겼거나 자신이 한 행동이 잘못되었음을 깨닫는 순간 그 행동을 멈추면 단식은 유효하다. 고의로 먹거나 마시거나 흡연하거나 성적 접촉을 하면 단식은 무효가 된다.

라마단 단식은 육체적 고통과 절제만을 뜻하지 않고 진정한 나눔의 가치와 철학을 담고 있어, 21세기 물질 팽창 시대에 더욱 빛을 발하며 인류에게 함께 살아가는 진정한 길을 제시하고 있다.

이자가 아닌 이윤을 나누는 도덕 경제

부에 대한 탐욕과 양극화 문제로 현대 자본주의가 심각한 위기를 맞고 있다. 그렇다고 사회주의로 갈 수도 없다. 자본주의 장점을 살리면서도 건전한 경제관과 도덕심을 기를 수 있는 새로운 삶의 성찰이 필요하다. 이럴 때 이슬람 경제 제도와 그 취지가 자본주의의 대안이나 시사점이 될 수 있다고 주장하는 사람들이 늘고 있다.

이슬람 경제의 핵심은 자본주의적 도덕 경제다. 열심히 일하고 부를 마음껏 축적할 수 있으나 그 부는 어디까지나 알라가 인간을 위해 잠시 맡긴 것일 뿐 마음대로 써 버려도 좋은 독점적 재산이 아니라고 본다. 또한 돈을 벌되 다른 사람의 고통과 일방적인 희생을 바탕으로 재산을 축적해서는 곤란하다는 입장이다. 마지막으로 토지나 신이 내린 자연물은 일반적으로 공적 개념으로 보아 과도한 토지의 사유화나 노동 착취적 소작을 엄격하게 통제한다. 그중 우리에게 잘 알려진 것이 '이자 없는 은행' 제도다.

이슬람법에서는 전통적으로 이자를 금지하고 있다. 무함마드는 고별 연설에서 생명에 대한 존엄과 함께 생활 경제의 원칙을 밝히면서, "남에게 채무를 진 자는 그 빚을 갚아야 하고, 이자는 받지도 주지도 말라. 또한 생명과 깨끗한 재산은 하느님을 만나는 날까지 신성하다."라고 선언했다.

《꾸란》에서도 서로에게 이익을 주는 거래가 아닌 한쪽의 이익만을 추구하는 고리대금업 같은 거래는 알라나 예언자에 대한 전쟁으로 간주할 정도로 엄하게 금지한다. 《꾸란》에서 이자는 '리바'로 표현하는데, 빌려준 원금에 대한 '웃돈'을 뜻한다. 《꾸란》에서 금지한 리바를 고리대금 성격의 거래에만 한정해 적용해야 한다고 주장하는 학자들이 있고, 이율의 높고 낮음을 떠나 은행 이자도 리바에 포함된다고 해석하는 학자들도 있다. 현재 대부분의 이슬람 은행은 이자 없이 운영된다. 대신 이윤은 철저히 보장된다. 노동이나 노력, 투자와 지식을 통해 얻게 되는 이익은 신성한 것으로 여겨 폭넓게 인정된다. 이자는 금지하지만 이윤은 인정하는 것이 이슬람 경제의 골격이다.

사채의 일종인 고리대금은 지나치게 높은 이율과 자본가의 일방적인 횡포로 세계 어느 곳에서나 커다란 사회 문제가 되고 있다. 따라서 도덕 경제를 표방하는 이슬람에서 고리대금을 금지하는 것을 쉽게 이해할 수 있다. 그러나 오늘날 자본주의 체제하의 은행 제도에서는 이자가 필수 조건이다. 더욱이 국가 간 무역에서는 국제적인 은행 제도를 이용해야 하므로 이자 제도를 받아들이는 것은 피할 수 없다.

그렇다면 고리대금이나 이자를 금지하는 이슬람 사회에서 은행은 어떻게 운영될까? 공동체 유지를 위한 이슬람의 기본적 가치관은 경제적으로 어려운 채무자를 돕는 것이다. 따라서 고리대금은 돈을 가진 자가 더 많은 돈을 갖기 위해 채무자를 막다른 골목으로 몰아넣는 행위이며, 가진 자의 이기심을 채우는 부도덕한 악행으로 간주된다. 더욱이 고리대금은 힘든 노동 대신 가난한 사람들에게 기생해 살아가는 방식이기 때문에 이슬람적인 삶의 태도가 아니라고 생각한다. 이슬람은 자본과 노동 사이의 갈등과 투쟁 과정에서 노동의 편에 섰고, 고리대금 금지를 통해 자본과 노동의 균형을 회복하며 노동이 자본에 예속되지 않도록 하고 있다. 이것은 노동의 고귀함을 중요시하는 이슬람의 기본 가르침과 맥락을 같이한다.

은행 이자마저 금지하자고 주장하는 쪽은 경제사에서 보듯이 모든 이자는 결국 고리대금의 형태를 띠는 경향이 있고, 채무자에게는 무거운 짐이 되기 때문에 고리대금과 이자를 구별하기는 어렵다고 본다. 한편 고리대금과 은행 이자는 다르다고 주장하는 쪽은, 예금자가 저축한 돈을 은행이 기업에게 맡겨 경제활동을 하고, 그 이익의 일부를 이자로 돌려주는 것이기 때문에 이슬람 정신에 위배되지 않는다고 본다.

이런 생각에 기초해 이슬람 은행은 이자 없이도 잘 운영된다. 실제로 이슬람 사회의 많은 시민이 확정 이자도 없는 이슬람 은행에 예금을 한다. 이슬람 은행의 배당금이 서구식 시중 은행보다 높기 때문에 이슬람 은행으로 돈이 몰리는 것이다. 저축에 대한 확정 이자는 이슬람의 이자 규정에 어긋날 수 있지만, 예금자가 맡긴 돈을 은행이 기업에 투자하는 것은 정상적인 경제 거래이다. 그러나 이슬람에서 금지하는 술, 담배, 매춘, 마약과 같은 사업에 투자해서는 안 된다. 이를 감시하기 위해 이슬람 은행에는 율법위원회가 설치되어, 은행에서 이루어지는 거래들이 이슬람의 도덕 경제 정신에 위반되는지 여부를 감시하고 해석해 준다. 이에 따라 은행은 기업과 공동으로 열심히 사업을 해서 벌어들인 수익을, 비용을 제외하고 예금자들에게 공평하게 나누어 준다. 어찌 보면 예금자는 사업자와 함께 사업을 하고, 사업을 통해 얻은 이익을 배당받는 것이다. 이슬람 은행의 예금자들은 정기적으로 저축한 돈에 대한 배당 수익을 받는 셈이다. 정상적인 상거래는 이슬람에서도 축복받는 삶의 형태이기 때문에 아무 문제가 없다. 은행이 투자에 실패해 오히려 예금자에게 손해를 끼칠 수도 있다. 그러나 이슬람 은행은 수익 구조가 확실하고 건강한 기업에 투자하기 때문에 실제로 손해를 보는 경우는 아주 드물다. 이 점이 바로 무슬림들이 확정 이자도 없는 이슬람 은행에 돈을 맡기는 이유다.

이슬람 경제는 자본가와 노동자의 합작을 장려하며, 이익뿐만 아니라 손실까지도 함께 나눈다는 전제를 둔다. 고정이율 제도는 사업이 적자를 내더라도 자본은 항상 이윤을 남긴다는 것을 의미하며, 거꾸로 사업이 잘될 때는 자본에 대한 이윤이 회사의 이윤보다도 훨씬 적다는 것을 의미한다. 이슬람은 이러한 모든 불확실성에 대해 어떤 경우에도 자본가나 노동자 중 어느 한쪽이 부당한 이득을 보거나 손해를 봐서는 안 된다고 강조한다. 그러므로 만일 사업이 이익을 낼 경우 자본은 이익의 정당한 몫을 갖고, 손해가 날 경우에는 손실 또한 나누어 책임진다. 무슬림들은 이 방법으로 자본주의가 발전하면 할수록 자본가들은 부유해지고 노동자들은 경제적으로 어려워지는 신자유주의 경제의 모순을 많은 부분 극복하고 공동체의 복지를 증진할 수 있다고 믿는다. 또 자본주의 체제에서 발생하는 빈부 간 갈등과 사회적 병폐의 한 원인이 이자 제도에서 발생한다고 주장한다.

오늘날 무슬림들은 이슬람 은행에 계좌를 유지하는 것을 종교적, 도덕적 의무로 생각하기 때문에 이슬람 은행들은 예금을 유치하기 위해 시중 은행들과 경쟁할 필요가 없다. 반면 무슬림들은 외환이나 해외 업무,

국제적인 무역 거래를 위해 시중 은행을 자유로이 이용한다. 최근 들어 이슬람 금융의 원칙과 이슬람 경제 원리들이 새롭게 관심의 초점이 되고 있다. 신자유주의 시장 경제가 불러온 이익 지상주의와 양극화라는 사회적 병폐를 해결하는 대안으로 이슬람 경제가 떠오르고 있다.

《꾸란》에서도 예수를 언급하고 있다니!

이슬람과 기독교는 중세 십자군 전쟁 이후 계속 싸우고 있다. 그런데 이슬람의 최고 경전인 《꾸란》에 예수가 묘사되어 있고, 아랍인들의 이름에 '예수'라는 이름을 많이 사용한다는 사실을 아는 사람은 많지 않다.

이슬람에서는 기독교와 달리 예수를 신의 아들이나 신 자체로 보지 않는다. 하느님이 가장 총애했으며, 잘못을 범하지 않는 최고의 인격체라고 여긴다. 또한 복음을 인간 세상에 충실히 전파한 훌륭한 선지자나 사도로 받들고 존경한다. 더욱이 《꾸란》에서는 하느님의 특별한 은총으로 성스러운 처녀 마리아가 남자와의 성적 접촉 없이 성령으로 예수를 잉태한 사실을 특별하게 여겨 축복한다. 그뿐인가! 예수가 장성해 하느님의 권능을 빌려 행한 기적들도 《꾸란》에 감동적으로 묘사되어 있다.

이슬람을 완성한 마지막 예언자인 무함마드에 관해서는 어떤 출생의 신비나 기적을 묘사하고 있지 않다. 그래서 아랍 사람들은 존경하는 인물인 예수를 이름으로 사용한다. 아랍어로 예수는 '이사'이다. 물론 무슬림들은 최후의 예언자로서 《꾸란》 계시를 받은 무함마드에 대한 애착과 존경이 가장 크다. 더불어 예수에 대한 존경과 애착 또한 매우 강하다는 것도 숨길 수 없는 진실이다. 이슬람의 일부 학파는 최후의 심판일이 다가오면 자신들을 변호해 주기 위해 예수가 재림하리라는 믿음을 갖고 있기도 하다.

따라서 이슬람 국가를 여행하거나 그곳에서 거주하게 될 때는 종교를 믿지 않는다거나 다른 종교를 믿는다고 말하지 말고, 기독교도라고 이야기하는 것이 안전할 뿐더러 무슬림들로부터 친근감을 얻을 수 있다. 다만 종교를 다른 사람에게 강요하는 선교 행위는 거의 모든 이슬람 국가에서 법으로 금지하고 있어 강한 처벌을 받을 수 있기 때문에 특별히 조심해야 한다.

이슬람 확산의
비밀

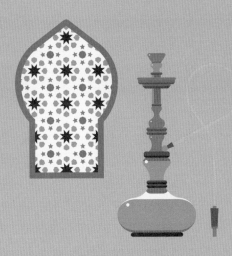

《꾸란》인가, 칼인가?

무함마드가 사망한 지 100년 만에 이슬람 세력은 아라비아 반도는 물론 북아프리카 전역과 이베리아 반도, 이란, 인도, 파키스탄, 중앙아시아 일부까지 진출했다. 메카에서 출발한 이슬람이 한 세기 만에 세 대륙을 석권하면서 그토록 빨리 퍼져 나간 배경은 무엇일까? 흔히 말하는 무력 점령의 결과일까? 아니면 다른 배경이 있을까? 21세기에도 가장 많은 인구를 거느리고 역동적으로 성장해 가는 이슬람교의 비법과 원천은 무엇일까?

서구는 "한 손에 칼, 한 손에 꾸란"이라는 말을 만들어, 이슬람을 믿지 않으면 죽였기 때문에 이슬람이 널리 퍼져 나갔다는 논리를 펴 왔다. 너무 궁색한 논리다. 중세 서구 학자들은 《꾸란》을 번역하고, 이슬람 세계를 연구했다. 그러나 이는 근본적으로 이슬람 속에서 모순을 찾아, 이를 비판하고 기독교 사상의 우수성을 입증해 보이려는 의도로 진행되었기 때문에 이슬람의 본질을 훼손하는 경우가 많았다.

이러한 경향은 이탈리아의 신학자 토마스 아퀴나스[1225?~1274]의 견해에서 잘 나타난다. 이슬람에 대한 해박한 지식을 갖춘 토마스 아퀴나스는 이슬람의 네 가지 해악을 주장했다. 이슬람은 진리를 왜곡했고, 폭력과 전쟁의 종교이며, 무분별한 성적 접촉을 허용하는 종교이며, 무함마드는 거짓 예언자라는 것이다. 그의 이슬람에 대한 견해는 그 후 유럽 지성 사회에 고스란히 전달되어 서구 사회가 이슬람을 오해하고 적대감을 형성하는 데 크게 영향을 끼쳤다. "한 손에 칼, 한 손에 꾸란"이라는 악의적인 말을 만든 것도 바로 그였다. 그러나 현재 무슬림 인구는 21억 명이고, 이슬람 국가는 57개국에 이른다. 칼의 위협이 걷힌 뒤에도 자신들이 믿던 원래의 종교로 돌아가거나 그 뒤에 지배를 받은 나라의 종교를 받아들인 예가 거의 없다는 사실만으로도 분명 이슬람은 무력으로 확산한 것이 아니다. 그러면 이슬람이 확산한 진정한 배경은 무엇일까?

이슬람이 등장할 무렵 유럽과 중동-오리엔트 지방은 동로마 제국과 사산조 페르시아가 약 300년간 전쟁을 하면서 정치·경제적으로 피폐한 상황이었다. 또한 과중한 세금으로 민심이 이탈하고, 종교적 내분으로 국론이 분열되었다. 어떤 정치적 집단이 등장해 기본적인 의식주를 해결해 주고 내일이 보장되는 예측 가능한 경제를 만들어 준다면 환영받을 수밖에 없는 상황이었다. 이때 사람들의 요구에 화답하면서 등장한 새로운 정치적 이데올로기가 바로 이슬람이다.

이슬람이 피지배 민중들에게 스며들 수 있었던 매력 가운데 조세 제도가 큰 몫을 차지한다. 인류 역사상 처음으로 당시로서는 상상하기 어려웠던 토지 공개념 제도를 체계적으로 도입했다. 누구든지 경작지에서 자유롭게 수확하고, 정부에 25퍼센트 정도의 토지세카라즈를 내면 개인 재산이 인정되었다. 이것은 오랜 수탈 경제에서 예측 가능한 경제로 나아가는 극적인 삶의 변화였고, 일종의 조세 혁명이었다. 나아가 이슬람으로 개종하는 사람들에게는 약 10퍼센트에 해당되는 인두세지즈야까지 면제해 주었다. 인두세는 소득에 상관없이 일률적으로 세금을 매기는 조세 형태를 말한다. 이러한 정책은 피정복 주민의 환영을 받았고, 많은 사람이 이슬람으로 개종하게 되었다.

그러나 이슬람 정부는 사람들이 세금을 감면받으려고 개종하는 것을 막기 위해 오히려 개종을 금지하는 백서를 내렸다. 국가 수입을 늘리려면 피정복민이 종교를 바꾸는 것보다 공납을 받는 게 더 유리했기 때문이다. 그런데 이 공납 액수도 비잔틴 제국이나 페르시아의 수탈에 비하면 가벼웠으므로 이슬람 제국 아래서 기독교인과 유대인 들은 종교의 자유와 경제적 기득권을 누렸다. 이런 점에 비추어 보면, 이슬람이 무력으로 전파되었다는 논리는 근거가 매우 약하다. 십자군 전쟁 이후 유럽 전역을 휩쓴 이슬람 열풍을 막고 기독교 세계를 지키기 위해, 당대 최고의 기독교 신학자 토마스 아퀴나스가 만들어 놓은 적의감 가득한 정치적 수사일 뿐이다.

아무리 뛰어난 제도나 이념이 있다고 해도 적은 수의 유목 전사들이 광대한 지역을 직접 다스릴 수는 없었다. 그래서 상상을 뛰어넘는 전혀 다른 방식의 통치 제도가 등장했다. 전쟁을 치를 때는 기존 세력을 없애 버리고 새로운 지도 세력을 정복지에 심는 것이 정복자들의 일반적인 모습이다. 그러나 이슬람 세력은 정복지에서 무분별한 살육을 금하고, 직접 통치하는 것보다는 공납과 간접 통치를 선택했다. 간접 통치란 기존의 토착 세력과 기득 세력을 인정해 주면서 중앙 정부에 대한 충성과 성실한 공납 의무를 지도록 하는 방식이었다. 이슬람 세력의 예상 밖의 조치로 목숨을 구한 토후 세력들이 앞장서 이슬람을 옹호한 것은 당연한 결과였다.

하지만 반란이 일어나고 정책이 왜곡되는 것을 막기 위해 삼분 통치 감시 체제를 적용했다. 군 통수권을 중앙 정부에 두고, 정복지에 사령관을 파견해 군사적 저항이나 반란이 일어나는 것을 막았다. 또한 조세 징

수관을 직접 보내 공납이 성실히 이루어지도록 감독하고 새로운 조세 제도를 체계화했다. 사령관과 조세 징수관이 토착 세력과 결탁하거나 반정부 세력으로 돌변하는 상황을 막기 위해 왕의 측근을 감사관으로 파견했다. 물론 이러한 제도가 완벽하게 성공하지는 못했지만 적어도 숫자적으로 열세에 있는 아랍 주체 세력은 이슬람 제국을 건설하는 데 긍정적으로 작용했다.

이슬람 문화가 확산한 또 다른 이유는 특유의 융화력이다. 아랍인은 정복을 통해 역사상 최초로 오늘날의 인도와 중국의 경계선 지역과 그리스, 이탈리아를 비롯해 프랑스의 변경 지역에 이르는 방대한 지역을 통합했다. 이 넓은 지역을 한동안은 군사적, 정치적 권력을 통해 지배했지만 나중에는 아랍어와 이슬람을 통해 한 덩어리로 묶어 놓았다.

이슬람 사회가 발전하고 다양성을 갖게 된 것은 당시 기독교 세계에서는 찾아보기 힘든 문화적 관용의 결과였다. 무슬림은 이교도의 종교를 인정하고, 그들의 종교 생활을 보장했다. 전쟁에서 패하면 남자들은 죽임을 당하고 여자들은 노예로 팔리던 시절에 이러한 조치는 매우 파격적이었다. 다만 무슬림은 비무슬림에게 일정한 사회적, 법적 차별을 두는 정책을 폈다. 대표적인 것이 무슬림보다 비무슬림에게 세금을 더 많이 부과한 것이다. 그러나 앞에서 말한 것처럼 지즈야라는 인두세 역시 그 당시 비잔틴 제국이나 페르시아 제국 밑에서 바치던 높은 비율의 세금에 비하면 훨씬 가벼운 조치였기 때문에 사람들에게 환영받았다. 이와 같이 무슬림은 비무슬림의 종교적, 경제적, 지적 활동의 자유를 보장해 그들이 이슬람 문명 창조에 공헌할 수 있도록 기회를 주었다.

이처럼 이슬람 문화의 가장 큰 특징은 포용과 융화력이었다. 일단 이슬람 세력이 진출했던 지역은 이슬람 세력이 물러난 뒤에도 원래의 토착 종교로 돌아가거나 다른 종교로 개종하지 않았음은 물론이고 오늘날까지도 이슬람 문화권으로 남아 있다. 만일 무력에 의해 종교가 전파되었다면 이슬람 세력이 후퇴한 뒤에 그 지역 사람들은 즉시 이슬람교를 버렸을 것이다. 그러나 이슬람은 오히려 더 번성해 많은 이슬람 학자를 배출했다.

그리스-로마라는 단단한 지적 토대 위에 인도의 대수학, 중앙아시아의 천문학, 중국의 과학과 새로운 발명 기술들이 이슬람이라는 용광로에 녹아들면서 인류는 당시까지 경험하지 못한 전혀 새로운 번성과 학문의 성숙기를 맞이했다. 전 세계에서 몰려든 학자들이 없었더라면 오늘날 신학과 철학을 비롯한 이슬람 학문은 크게 발전하지 못했을 것이다. 이슬람 세계는 고대 문명의 전통을 고스란히 이어받고 주변 문화를 포용했을 뿐만 아니라 창의적으로 재현해 이슬람 문화라는 새로운 '종합 문화'를 만들어 냈다.

소수 민족과의 공존과 화해: 딤미와 밀레트

중동은 인류 최초의 문명을 일구어 낸 토양일 뿐만 아니라 동서양에 걸친 다양한 문화와 민족의 집합지였다. 그래서 근대까지 다문화-다민족이 공존한 경험이 어느 곳보다 풍부했다. 이슬람 제국의 일반적인 특징

《꾸란》을 읽는 무슬림.

이기도 하지만 중세 시대를 거치면서 소수 민족에 대한 나눔과 배려의 문화는 이슬람의 가장 큰 덕목이 되었다.

7세기 중엽 이슬람 제국이 성립된 직후 이슬람교는 소수의 정복자와 정착민, 통치자들의 종교일 뿐이었다. 과거 페르시아와 비잔틴 제국의 영토에 살던 인구의 대부분은 여전히 고대의 전통 종교를 믿었다. 그러다가 언제인지 분명하지는 않지만 대부분의 중동 지역에서 무슬림이 다수를 차지하게 되었고, 오늘날까지 그 비중이 서서히 늘어나고 있다.

7세기 이후 이슬람의 소수 민족에 대한 기본적인 틀은 유지되었다. 이는 강제 개종을 금지한 《꾸란》의 구절로도 명백하게 알 수 있다. 비무슬림 소수 민족들은 개종하는 대신 일정한 공납을 내면 자신들의 종교와 문화적 전통을 지킬 수 있었다. 적어도 제1차 세계대전까지 중동의 이슬람 사회는 소수 민족의 지위를 인정하고 다원주의적인 공존에 익숙했다. 2,000년 가까이 아랍인과 유대인이 상대방의 문화를 존중하면서 팔레스타인 지역에서 함께 살아온 사실이 이를 잘 설명해 준다. 다만 비무슬림들의 거주가 허용되지 않는 곳이 있었다. 이슬람의 2대 칼리프_{정치와 종교의 권력을 모두 갖는 이슬람교의 최고 지배자} 우마르_{재위 634~644}는 예언자의 고향인 성지_{아라비아}에는 오직 한 종교, 즉 이슬람교만을 허용한다는 포고령을 내려 기독교도와 유대인들은 그곳을 떠나야 했다. 물론 이 포고령은 기독교와 유대교가 오늘날까지도 이어지고 있는 남부 아라비아에는 적용되지 않았다.

　이슬람 제국 안에서 소수 민족들은 종교적으로 탄압받지 않고 그들의 정체성을 유지하고 보존했는데, 딤미와 밀레트라는 구체적이고 정교한 법체계를 통해 보호되었다. 중세 이슬람 사회에서 자신의 고유한 문화 정체성을 유지할 수 있게 허용된 이교도를 '딤미'라고 불렀다. 딤미는 무슬림 국가에 의해 보호받는 비무슬림을 일컫는 법률적 용어로, 기독교도, 유대인, 동부 지역의 조로아스터교도를 의미했다. 딤미의 지위는 무슬림 통치자와 비무슬림 공동체 간의 계약에 의해 결정되었다. 계약의 기본 뼈대는 딤미가 이슬람의 우위와 이슬람 국가의 지배를 인정하고, 나아가 일정한 사회적 제약이나 인두세 납부를 통해 종속적 지위를 받아들이는 것이었다. 딤미는 인두세를 납부하는 대가로 생명과 재산을 지키고, 외적의 침입으로부터 보호받고, 신앙의 자유와 내적 자치 등을 보장받았다. 반면 무슬림들은 인두세를 면제받는 대신 종교세인 자카트를 의무적으로 내야 했다.

딤미는 무슬림들에 비해 숫자적으로 미미했지만 거대한 부를 축적해 경제력을 행사하고, 심지어 정치적 권력을 휘두르기도 했다. 근대 이전 대부분의 이슬람 역사 시기에 비무슬림들의 지위는 법률에서 규정하는 것보다 오히려 나은 편이었다. 비무슬림 소수 민족에 대한 제한 규정은 수시로 강화되었는데, 이는 법률이 정한 제한을 넘어 딤미의 사회적, 정치적 진출이 과도하게 일어났음을 의미한다.

칼리프와 술탄이슬람 세계의 정치 지도자로, 왕이나 황제로 번역하기도 한다. 통치 아래 유대인과 기독교도는 정부 업무, 특히 행정 분야에서 일정한 역할을 담당했다. 비무슬림 기용에 대한 무슬림들의 반발도 크지 않았다. 기독교도 관리를 반대하는 시위와 소요 사태가 간혹 있었지만, 딤미 관리의 부당한 행위가 문제가 되어 일어난 경우가 대부분이었다.

그러나 딤미는 열등한 존재였다. 이슬람 제국은 그들이 하위 시민의 신분임을 잊어버리지 않도록 했다. 딤미는 노예보다는 유리한 위치에 있었지만, 자유 무슬림보다는 훨씬 불리한 처지였다. 그들은 무슬림 법정에서 증언할 수 없었고, 노예와 여성들처럼 피해 보상에서 무슬림보다 불리했다. 무슬림 남성들이 기독교도나 유대인 여성과 자유롭게 결혼할 수 있었던 반면, 딤미는 무슬림 여성과 절대 결혼할 수 없었다. 또한 무슬림과 구분되는 옷차림을 해야 했고, 말 대신 당나귀나 노새를 타야 했으며, 낡은 예배 장소를 수리해 쓸 수는 있어도 새로 만들어 사용할 수는 없었다. 비록 이러한 제약이 엄격하게 가해지지는 않았다 하더라도, 언제든지 법적인 제재를 받을 수 있는 여지가 있었다.

이슬람 초기에 딤미에게 시행한 이슬람의 소수 민족 정책은 오스만 제국 시대에 오면 종교 공동체인 '밀레트'라는 독특한 제도로 되살아났다. 밀레트는 크게 지배 집단과 종속 집단으로 나누어졌다. 지배 집단은 튀르크족 외에 아랍인, 페르시아인, 보스니아인, 알바니아인과 같은 무슬림이었고, 종속 집단은 그리스인, 아르메니아인, 유대인, 루마니아인, 슬라브인 같은 소수 민족이었다.

밀레트 가운데 최대 종속 집단은 그리스 정교 공동체였다. 두 번째 종속 밀레트는 아르메니아 정교 집단이었다. 세 번째 종속 밀레트는 유대인 집단으로, 그들은 이스탄불을 중심으로 이즈미르, 셀라니크^{현재 그리스의 테}살로니카 등 항구 도시 주변에 모여 살았다. 오스만 제국에 왜 유대인들이 많이 거주하게 되었을까? 1492년에 기독교가 지배한 에스파냐에서 유대인과 무슬림을 대량 학살하고, 폴란드, 오스트리아, 보헤미아 등지에서 유대인을 학살한 사건이 있었다. 학살의 위협에 시달리는 갈 곳 없는 유대인들을 거둬들여 삶의 터전을 마련해 준 것이 오스만 제국이었다.

오스만 제국의 소수 집단들은 밀레트 안에서 자신들의 신앙과 종교 의례는 물론, 고유한 관습과 언어를 사용하고 문화적 전통을 지킬 수 있었다. 유대인, 아르메니아인, 그리스 정교도 등 각 밀레트는 종교 지도자들이 해당 밀레트의 종교 행정과 문화 활동을 관장하며, 오스만 제국의 술탄에게만 책임을 졌다. 소수 민족 공동체와의 조화와 공존은 오스만 제국 600년 역사를 관통하는 기본 통치 이념이었다.

에스파냐 안달루시아의 교훈

오늘날 에스파냐 땅은 711년부터 1492년까지 800년 가까이 이슬람 세계에 속하면서 중세 최고 수준의 학문, 과학, 예술, 문화의 결실을 유럽에 전해 주는 지적 창구 역할을 했다. 중세 '아랍의 르네상스'는 유럽보다 500년이나 앞섰고, 에스파냐의 톨레도에 설치된 번역소에서 학문적 결실들이 라틴어로 번역되어 유럽에 전해짐으로써 유럽의 르네상스가 일어나는 지적 원동력이 되었다.

에스파냐의 코르도바는 10세기경 이베리아 반도에 세워진 이슬람 제국의 수도로, 인구 50만 명 규모의 국제 도시였다. 1,600개의 모스크가 들어섰고, 8만 개의 상점에 1만 3,000명의 직공이 일하는 대도시로 발전했다. 이처럼 이슬람 역사 초기부터 이슬람 세력이 서구와 직접 접촉하는 전선이 형성되었다.

그 후 이슬람 왕국은 지중해를 중심으로 서아시아, 아프리카, 남유럽에 이르는 대제국을 건설했다. 서유럽에서는 이베리아 반도를 넘어 파리 근교의 푸아티에까지 진격했으나 732년에 프랑크 왕국의 카를 마르텔[688경~741]이 지휘하는 유럽 연합군에게 패해 아랍군은 피레네 산맥 남쪽으로 물러났다. 지중해에서도 이슬람의 팽창이 계속되었는데, 9세기 말에는 튀니지가 시칠리아 섬을 공격해 200년 이상 이슬람 세계가 지배했다. 10세기에는 시칠리아의 중심 도시 팔레르모에 300개 이상의 모스크가 세워지고, 150개 이상의 이슬람식 정육점이 있었다고 하니 이슬람 문화나 세력의 크기를 짐작할 수 있다. 그래서 14세기 아랍 역사학자 이븐 할둔

에스파냐 코르도바 대모스크 내부. 중세의 문화유산을 고스란히 간직하고 있어
1984년 유네스코 세계문화유산으로 지정되었다.

^{1322~1406}은 "지중해는 유럽인들이 배 한 척 띄울 수 없는 이슬람의 바다가 되었다."라고 호기롭게 말할 정도였다.

이슬람 세력 아래의 에스파냐 남부의 안달루시아는 무슬림과 유대인, 기독교도가 함께 조화롭게 살던 사회였다. '콘비벤시아'라 부르는 공존의 정신은 800년 가까이 지속되었다. 아랍인, 베르베르인, 토착 에스파냐인은 말할 것도 없고, 이슬람으로 개종한 사람이나 유럽에서 이주한 외국인 병사들까지 한데 어울려 살았다. 떠나는 사람은 적고 수많은 사람이 몰려들었다. 무슬림, 기독교도, 유대인들은 일상생활에서 안달루시아 아랍어와 뒷날 에스파냐어로 발전한 로맨스어를 함께 썼다. 그러나 학문과 문학에 있어 아랍인들은 고전 아랍어를, 기독교도는 라틴어를, 유대인들은 히브리어와 아랍어를 함께 사용하면서 문화의 혁신적인 발전을 가능하게 했다. 이런 현상은 우수한 주변 문화를 받아들이는 계기가 되었고, 수준 높은 과학 기술과 절충의 미가 빛을 발하면서 새로운 문화를 꽃피웠다.

이슬람 세계에서 이븐 루시드로 알려진 아베로에스, 이븐 밧자, 이븐 알아라비, 이븐 투파일 같은 대학자들이 안달루시아에서 배출되어 잠자는 중세 문명을 흔들어 깨운 건 결코 우연이 아니었다. 여러 겹의 회랑과 말굽 모양의 대리석 기둥들로 이루어진 코르도바의 모스크들은 절제를 강조하는 고딕 정신과 자유로운 예배 공간을 존중한 이슬람 정신이 어우러진 상징적인 문화 합작품이다. 안달루시아의 기념비적인 건축물인 그라나다의 알함브라 궁전도 문화의 섞임과 조화가 만들어 낸 걸작이다.

그러나 16세기부터 안달루시아는 과거의 화려한 문화가 철저히 부정되고 말살당하는 편협과 독선의 무대로 바뀌었다. 1491년 페르난도 5세재위 1474~1504는 기독교 성직자들의 강한 요구에 따라 안달루시아의 중심 국가인 그라나다 침공에 나서 7개월 동안 이 지역을 포위했다. 당시 그라나다의 마지막 무슬림 왕인 아부 압둘라 무함마드 빈 알리재위 1482~1492, 서구에서는 보압딜로 알려짐는 무슬림의 종교와 문화, 언어를 유지하도록 해 준다는 보장을 받은 뒤 항복했다. 페르난도 5세는 피 흘리지 않고 그라나다를 손에 넣었다. 보압딜은 모든 재산과 특권을 빼앗긴 채 추종자들과 함께 안달루시아를 떠났다. 그러나 페르난도 5세는 약속을 지키지 않았다. 급기야 1499년부터 안달루시아 문화를 말살하고, 그라나다의 무슬림들에 대한 가혹한 인종 청소를 실시했다. 모스크를 비롯한 이슬람 유산은 사용이 중단되거나 철거되었고, 어떠한 형태의 불만의 목소리도 용납되지 않았다. 무자비한 억압은 1631년까지 계속되었고, 무슬림들이 모두 그라나다를 떠나면서 안달루시아 문화는 종말을 고했다.

안달루시아 문화가 그토록 발전할 수 있었던 것은 다양한 민족이 상호 교류를 통해 끊임없이 새로운 사상과 언어를 접하고, 서로 적대시하기보다는 자신들과 다른 종교와 이데올로기를 뛰어넘어 조화롭게 공생했기 때문이다. 그런 분위기에서 안달루시아는 이슬람 세계와 막 태동한 유럽 세계를 잇는 문화의 다리로서, 유럽 르네상스를 일으키는 튼튼한 한 축을 담당했다. 그러나 안달루시아에 들어선 기독교 세력이 가톨릭 이외의 모든 종교를 배척하자 문화 다양성의 용광로는 가동을 멈추었고, 결국 17세기 이후 에스파냐 문화는 정체되어 버렸다.

성 소피아 성당의 가르침

1453년 5월 29일, 술탄 메흐메트 2세[1432~1481]가 비잔틴 제국을 멸망시키면서 '콘스탄티노플'은 '이스탄불'로 이름이 바뀌었다. 이제 이슬람의 도시가 된 것이다. 정복자 메흐메트 2세는 비잔틴 제국의 종교적 심장인 성 소피아 성당으로 말을 타고 가서 이슬람식 예배를 드리고 콘스탄티노플의 종말을 알렸다. 이것은 그리스 정교의 종말을 뜻하기도 했다.

360년에 건설되기 시작한 성 소피아 성당은 여러 번 화재와 내란으로 파괴되었다가 537년 유스티니아누스 대제[482경~565] 때 완공된 그리스 정교의 총본산으로, 비잔틴 제국의 생명이자 종교적 중심이었다. 중앙 돔의 무게를 분산시키기 위해 주변에 작은 돔을 만들어 균형 감각과 예술미의 극치를 이룬다. 이런 건축 양식을 비잔틴 양식이라 하는데, 뒷날 오스만 제국 시대의 이슬람 건축 양식의 단단한 기초가 되었다.

육중한 철문을 열고 성당 안으로 들어서면 황제의 문이 기다리고, 문 위쪽 벽면에는 빛을 받아 더욱 성스럽게 느껴지는 레오 6세[866~912]의 황금 모자이크가 반긴다. 모자이크는 1933년 소피아 성당이 모스크로 사용되고 있을 때 발견해 복원한 것이다. 가운데 인간적인 위엄을 갖춘 그리스풍의 예수가 앉아 있는데, 그리스어로 "그대에게 평화가 함께할지니, 나는 온 세상의 빛이로다."라는 구절이 새겨진 성서를 왼손에 들고 있다. 오른쪽 아래에는 레오 6세가 무릎을 꿇고 예수의 축복을 받는 모습이 모자이크로 묘사되어 있다. 황제의 문으로 들어서면 본당 중앙 홀이다.

중앙 홀에 서면 인류가 만든 가장 위대한 건축 작품 가운데 하나를

성 소피아 성당. 비잔틴 건축의 대표적인 걸작으로, 1935년부터 박물관으로 쓰이다가 최근 다시 모스크로 사용되고 있다.

말없이 감상할 수 있다. 중앙 돔의 높이는 55.6미터, 대략 20층 건물에 해당된다. 돔은 정확한 원형이 아니고 약간 타원형인데, 그 무게를 분산해 붕괴를 막기 위해 시공 중에 살짝 틀었다고 한다. 홀은 거의 정사각형에 가깝다. 한참을 돌아야 한 바퀴 훑어볼 수 있다. 동서 길이가 77미터, 남북 길이가 71.7미터라고 한다.

    자세히 살펴보면 본당을 받치고 있는 대리석 기둥들의 모양과 색깔이 모두 다른 것을 알 수 있다. 제국 곳곳의 신전과 궁전 터에서 가져온 기둥들이다. 비잔틴 제국 전성기의 위용을 뽐내기라도 하듯 제국 전역에서 최고로 좋은 재료만 골라 와 사용했다. 고대 그리스-로마 신전에서 뽑아 온 기둥들도 보인다. 붉은 대리석 기둥은 이집트에서, 푸른빛의 대리석 기둥은 에페수스에서 가져왔다. 에페수스는 아르테미스 신전이 있는 고대 그리스 도시다. 포세이돈 신전에 사용되던 기둥 두 개도 있다.

2층으로 올라가면 황제의 길이다. 황제는 입구에 있는 본당 문으로 평생 한 번만 들어왔는데, 자신의 대관식에 참석하는 날이었다. 나머지 예배 때는 다른 길을 통해 2층으로 향했다. 2층으로 가는 길은 계단이 아니라 편편하게 돌을 깔아 놓았다. 가마를 타고 가는 황제가 흔들리지 않게 하기 위해서였다.

황제와 가족들이 예배를 드렸다는 2층 중앙에 서면 정면에 성모 마리아 상이 보이고, 아래층 회랑이 한눈에 들어온다. 황제와 여왕이 예배를 보던 2층의 회랑에는 목조 서까래가 있는데 희귀하게도 철처럼 색칠해 놓았다. 또 오른쪽에 대리석 문이 있는데, 얼핏 보면 나무문처럼 하얀 칠을 해 놓았다. 그 안에는 좁은 비밀 출구가 있다. 암살 음모에 대비해 안전장치를 마련해 놓은 것이다. 적들이 몰려오면 재빨리 들어가 문을 잠근 뒤 비밀 출구로 피신한다. 그사이 적들은 나무문인 줄 알고 대리석을 열심히 부순다. 시간을 끌어 안전을 지키려는 전략적 건축인 셈이다. 2층 벽면 중간중간에는 유리를 끼워 넣었던 흔적들이 남아 있다. 지진이나 건물 붕괴의 조짐을 미리 알아차리기 위한 장치였다고 하는데, 지금은 모두 깨져 버렸다. 건물의 균형이 이미 깨졌다는 증거다.

소피아 성당은 지금도 복원 작업을 계속하고 있다. 돔 천장에 《꾸란》 구절이 '하트'라는 이슬람 서체로 아름답게 쓰여 있다. 하트는 최고의 예

성 소피아 성당 내부. 알라와 무함마드를 비롯해 칼리프들의 이름이
금색으로 쓰인 대형 원판이 걸려 있다.(위키피디아)

술적 경지와 아름다움을 지니고 있어, 15세기 중세 이슬람 서체 예술의
전형으로도 매우 귀중한 유산이다.

　회랑 안에는 알라와 무함마드를 비롯해 아부 바크르, 우마르, 오스
만, 알리 등 초대 칼리프들과 알리의 두 아들인 하산, 후세인의 이름이
동판에 아랍어로 새겨져 벽면 위쪽 기둥에 걸려 있다. 무함마드의 네 번
째 후계자인 알리를 이어 순교한 그의 두 아들을 기리는 전통이 시아파

의 특징이다. 수니파의 핵심 제국인 오스만 왕정에서 보게 되다니, 아마 종파를 초월한 이슬람 전체 세계의 칼리프로서 오스만 제국의 통합 정책을 표현한 것이 아닌가 싶다. 성 소피아 성당은 서로 다른 두 종교의 공존뿐만 아니라 '수니'와 '시아'라는 이슬람 두 종파의 통합을 가져온 곳이기도 하다.

본당 오른쪽에는 금요 예배 때 이맘^{예배 인도자}이 설교를 하던 민바르^{설교대}와 메카의 방향을 표시하는 시설인 미흐랍의 둥근 장식도 선명하게 남아 있다. 6세기 이후에 지어진 동방의 교회들이 대개 그렇듯이 성 소피아 성당의 예배당도 예루살렘을 향해 동남쪽으로 서 있다. 그런데 이곳을 모스크로 사용하면서 방향이 문제가 되었다. 모든 모스크는 메카를 향하도록 지어야 했기 때문이다. 그래서 성 소피아 성당의 미흐랍만큼은 같은 동남쪽이라도 메카쪽으로 더 기울어져 있다.

고개를 조금만 더 젖히면 불빛을 받아 찬연하게 빛나는 성모와 아기 예수의 황금 모자이크를 볼 수 있다. 황금을 배경으로 짙푸른 옷을 걸친 채 인자하게 앉아 있는 성모의 손은, 무릎을 드러낸 아기 예수의 오른쪽 어깨에 놓여 있다. 한때 성화와 성물을 우상으로 보던 그리스 정교회에서 격렬한 논쟁을 거친 뒤 867년에 처음으로 시도한 인물 성화다. 방문객들은 경건한 분위기에 압도되어 저절로 고개를 숙이게 된다. 돔과 본체를 잇는 난간에는 가브리엘과 천사들이 날갯짓을 하고 있다. 500년 가까이 모스크로 사용되었다고는 도저히 믿기지 않는 풍경이다.

우상 숭배를 철저히 금지하는 이슬람에서 인물 성화를 파괴하지 않은 까닭은 무엇일까? 성 소피아 성당을 처음 정복한 메흐메트 2세는 이곳을 모스크로 바꾸면서도 기독교 성화를 건드리지 않고 하얀 천으로 덮어 놓고 의례를 행했다고 한다. 비잔틴 제국은 11세기까지 로마의 가톨릭과 우상 숭배 논쟁으로 격돌하면서 무자비한 성상 파괴 운동을 벌였다. 그랬던 그들의 종교적 요람이 이슬람으로부터 보호받다니 역사의 아이러니가 아닐까? 물론 이슬람의 정신이 최고조에 달한 술레이만 시대에 들어 기독교 성화는 회칠로 살짝 가려졌다. 하지만 쪼아 없애지 않은 덕에 오늘날 그 화려하고 아름다운 모습을 우리가 지켜볼 수 있다. 제국을 경영해 본 민족만이 가질 수 있는 다른 문화에 대한 아량과 포용의 결과물이다.

성 소피아 성당은 인류의 무지를 일깨워 준다. 공존을 모색하기보다는 자기 가치만 고집한 채 상대의 가치를 무너뜨려야 직성이 풀리는 일신교도의 오만함과 반문명적 발상에 경종을 울리기 때문이다. 성 소피아 성당은 문화의 다양성을 배우고, 종교 다원주의를 실천한 인류의 학습장이다. 이곳을 문명의 공존과 협력의 산실로 길이 기억하고 보존해야 하는 이유가 여기에 있다. 성 소피아 성당은 현재 유네스코 세계문화유산으로 지정되어 있다. 그런데 2020년 7월 튀르키예 정부는 이런 오랜 공존의 관례를 깨고, 성 소피아 성당을 다시 모스크로 사용하는 법안에 서명함으로써 인류 사회에 아쉬움과 안타까움을 주고 있다.

공존의 도시, 이스탄불

튀르키예^{터키}의 이스탄불은 밀레트 정신이 오늘날까지 잘 유지되고 있는 도시다. 이스탄불은 다양한 문명이 융합되고 조화를 이룬 도시답게 여러 곳에서 색다른 소수 문화를 만날 수 있다. 유대 문화와 그리스 정교, 가톨릭의 문화가 이슬람의 삶 한가운데 깊숙이 들어와 있다.

〈휴리예트〉는 튀르키예 최대 일간지로, 한때 유대인이 사주인 유대계 언론이었다. 인구의 98퍼센트가 무슬림인 나라에서 가장 많은 시민이 보는 신문이다. 두 번째 판매 부수를 자랑하는 신문도 유대 자본으로 운영되었다. 튀르키예 상위 재벌 중에 와코, 프로필로, 알라르코 같은 유대계 회사가 여럿 눈에 띄는 것도 다른 이슬람 국가에서는 거의 찾아볼 수 없는 현상이다.

그리스 정교만 해도 대주교청이 지금도 아테네가 아닌 이스탄불에 있다. 이스탄불 신도시 핵심부에는 시나고그^{유대인 교회}를 중심으로 유대인 공동체가 상권을 굳건하게 지키고 있다. 심지어 그들은 무슬림의 라마단 단식도 지킨다. 단식을 하는 이유를 묻자, "주 고객인 무슬림들이 종교적 신념을 위해 힘들게 단식하고 있는데, 내가 배불리 먹으면서 그들을 대하는 것은 예의가 아니지요."라고 대답했다. 다른 종교와 문화가 이처럼 조화롭고 아름답게 섞여 있는 곳을 다른 곳에서는 보지 못했다.

성 이레네 성당이나 코라 성당처럼 원래 모습대로 남아 종교적 기능을 유지하는 경우도 있지만, 신자들이 떠나 버린 그 많은 성당

유적이 모두 살아남을 수는 없다. 그렇다고 폐허로 방치되지도 않았다. 많은 성당이 모스크로 개조되어 또 다른 신앙의 장소로 구실을 하고 있다. 이 성당들이 몰려 있는 지역은 역설적이게도 이스탄불에서 가장 이슬람적이고 보수적인 파티 지구에 숨어 있다.

오스만 제국은 소수 민족과 이교도에 대해 기본적으로 완전한 자치와 전통적인 종교 문화를 절대적으로 존중하는 정책을 폈다. 오스만 제국 안에서 기독교, 유대인, 그리스 정교, 아르메니아 공동체는 종교적 자유와 전통 관습을 법적으로 보호받았다. 오스만 제국 최고의 건축가로 많은 모스크 건축물을 남긴 미마르 시난은 알바니아 출신이고, 지중해 해상권을 장악한 바르바로사 제독은 그리스 정교회 신자였다.

지금도 그리스 정교의 총본산이 이스탄불에 그대로 있고, 이스탄불의 유대인들도 이스라엘로 돌아가지 않고 튀르키예에 남아 완전한 튀르키예

유대인들이 모여 사는 갈라타 지구.

시민으로 자신들의 민족 정체성과 종교적 정통성을 지키며 살고 있다. 그들은 일반 튀르키예 시민들보다 높은 경제적 수준과 사회적 지위를 유지하고 있다. 이것이 튀르키예의 힘이고 전통이다. 자신과 다른 것을 거부하지 않고 받아들이며, 자신과 다르더라도 옳다면 적극적으로 지지해 주는 이슬람 본래의 정신이 튀르키예에 살아 있다. 이슬람이 가야 할 길을 모범적으로 실천하며 보여 주고 있는 셈이다. 서구와 협력하고 공존을 통해 실리를 추구하는 정신이야말로 낙후된 이슬람 세계가 앞으로 걸어가야 할 길에 이정표가 되어 줄 것이다.

이슬람 학문의
힘

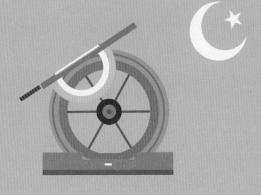

중세 최고 학문의 전당: 지혜의 집(바이트 알히크마)

8세기 중반 세 대륙에 걸쳐 형성된 압바스 제국은 아랍의 전통 문화를 기반으로 오리엔트, 그리스, 로마, 이란, 인도 문화를 흡수해 독창적인 이슬람 문화를 발전시켰다. 정복한 지역의 문화를 파괴하지 않고 받아들여 국제적이고 종합적인 문화로 일군 것이다. "한 줌의 지식을 얻기 위해서라면 멀리 중국까지라도 가라."는 무함마드의 가르침에 따라 압바스 제국의 통치자들은 학문 장려와 뛰어난 학자 유치를 최우선 과제로 삼았다. 이슬람 학문과 문화는 5대 칼리프인 하룬 알라시드[736~809] 시대에 가장 번성했다. 당시 수도 바그다드는 세계 최대의 도시로, 동서 문화가 집결하는 중심지로 크게 번영했다.

칼리프나 재력가를 비롯한 지식의 후원자들은 필요한 책을 구입하거나 필사하기 위해 경쟁적으로 학자들을 지원했다. 한 권의 책을 찾기 위해 바그다드에서 다마스커스로, 알렉산드리아에서 이스탄불로 달려가기까지 했다. 지금도 쉽게 할 수 없는 놀랄 만한 세계 지식 여행이었다. 당시 학자는 최고로 존경받는 직업이었으며 계층이나 신분, 출신 지역에 상관없이 오로지 학문과 과학적 성취로만 평가받았다. 10세기경부터 중국의 종이가 도입되어 구전의 시대에서 기록의 시대로 전환된 이후, 약 350만 권의 전문 서적이 필사되어 지금 이슬람 지역의 각 도서관에 보존되어 있다.

학문의 번성기였던 당시, 책 무게를 같은 무게의 금으로 보상해 줄 정도였다 하니 인류 역사상 학문의 가치와 학자들에 대한 사회적 존경이 이때만큼 높았던 시기는 다시 찾기 힘들 것이다. 이 시기에는 선대의

فاذازاد العصير فصفه فهذا الشراب موافق لوجع الحلق والجنب والرئين

والاسر والرأيت والربو والمغم غليظ فى حلقه يصفى اللون وكثر النوم

وليسرت لغلته موافق للثانه والكلا ع ع ع م

ر صنعه شراب للزدام والسعال

وورم البطر واسترخا المعد خذمربع اوقيه واصول سوس ثلاث اوقيه

وللفلفل ابيض ربع درم نصف اوقيه دقه جميعا واربطه خرقه واجعله فيلته اقساط شراب

طيب وازكه ثلثته ايام ثم رصفه وازفعه فى آناه لطيف اشربته بعدالعشا

지혜의 집이 번성하던 시절, 우리가 흔히 본초학이라고 부르는 약물 연구를 한 그리스 의사
디오스코리데스가 쓴 《약물에 대하여》가 아랍어로 번역되었다.(위키피디아)

학문적 업적을 낡은 것이라고 버리지 않았으며, 고대 그리스의 학문과 철학을 이교도의 것이라고 폄훼하지 않았다. 인도의 대수학, 중국의 과학 같은 당대 지구상에 존재하는 모든 지식을 망라하고, 이를 종합해 새로운 창조의 터전을 단단하게 닦아 준 곳이 지혜의 집^{바이트 알히크마}이다.

지혜의 집은 9세기 바그다드에 설립된 중세 최고의 번역 기관이자 도서관으로, 서양 역사가 스스로 문을 닫아 버린 암흑의 시기에도 인류 역사에 여전히 문명의 빛이 비치고 있음을 증명해 준 인류의 소중한 자산이다. 왜냐하면 지금 인류가 누리는 과학과 철학, 문화와 사고의 기본 틀이 상당 부분 그곳에서 형성되고 축적되었기 때문이다.

일반적으로 이슬람 문화는 종교와 삶이 하나로 묶여 있는데, 학문 또한 종교와 밀접하게 관련되어 있다. 이민족에게 아랍어를 가르치기 위한 언어학과《꾸란》을 해석하기 위한 법학과 신학이 학문의 중심을 이루었다. 또 무함마드와 초기 무슬림의 행적을 찾기 위해 많은 역사서가 편찬되었으며, 메카 순례와 교역로를 확보하기 위해 지리학이 발달했다.

압바스 왕조의 칼리프 알마문^{786~833} 시대에 그리스와 오리엔트 학문에 대한 연구가 절정에 다다랐다. 이때 바그다드에는 이미 천문 관측소가 세워졌고, 그리스와 오리엔트의 중요한 철학서와 과학서가 아랍어로 번역되었다. 그리하여 900년까지는 플라톤과 아리스토텔레스 같은 그리스 학자들의 저술 대부분이 아랍어로 번역되어 연구되었다. 지난 시대의 지식이나 정치적으로 적대 관계에 있는 나라의 학문과 실험 결과까지 수용해 새로운 발전을 위한 기초로 삼았다. 이러한 자신감과 학문적 태도가 중세 이슬람 과학과 학문 발전의 원동력이 되었다. 이븐 시나

980~1037와 에스파냐의 무슬림 학자 아베로에스[1126~1198]는 이 시기에 활동하면서 아리스토텔레스 철학과 신플라톤주의에 입각한 철학 체계를 세운 대표적인 학자다. 아랍어로 쓰인 그리스와 오리엔트의 풍부한 고전들은 훗날 라틴어로 번역되어 서유럽에 전해졌고, 유럽 르네상스의 원동력이 되었다.

이슬람권에서 유래되어 유럽에 소개된 일상용어

• 식품 관련 용어

설탕sugar, 캔디candy, 오렌지orange, 레몬lemon, 캐비아caviar, 시럽syrup, 커피coffee, 사프론saffron, 샤베트sherbet

• 섬유 관련 용어

면화cotton, 다마스크damask, 모슬린muslin, 거즈gauze, 모헤어mohair, 새틴satin, 타페타taffeta, 파자마pajama

• 화초 관련 용어

튤립tulip, 재스민jasmine, 라일락lilac

• 학문 명칭

천문학astronomy, 화학chemistry, 점성학astrology, 연금술alchemy, 대수학algebra, 물리학physics, 철학philosophy, 연산법algorithm

• 생활 용어

알코올alcohol, 알칼리alkali, 관세tariff, 수표cheque, 카라반caravan, 갈라gala, 해저드hazard, 잡지magazine, 루트lute, 파라다이스paradise, 0zero

이슬람의 자연 과학

무슬림 학자들은 자연 과학 분야에서 뛰어난 업적을 남겼다. 특히 대수학의 발전은 눈부셨다. 대수학algebra의 어원은 9세기 페르시아의 수학자 알콰리즈미780~850의 820년도 저서《복원과 대비의 계산》의 알자브르al-jabr에서 비롯되었다. 이 책은 라틴어로 번역된 뒤, 유럽 대학에서 500년에 걸쳐 사용되면서 학문적 개념으로 정립되었다. 대수학의 기본 원리를 정리한 알콰리즈미의 저서《인도 수의 계산법》이 라틴어로 번역되며 유럽에 소개됨으로써 이차방정식, 사칙연산, 십진법, 0제로 등의 개념이 확립되었다. 그는 나아가 연산학의 원리를 정리했고, 이를 나타내는 용어 알고리즘algorithm이 그의 이름에서 유래되었다.

천문학자들은 경도와 위도, 자오선의 길이를 측정하고, 천체 관측 기구를 만들어 지구 구체설을 증명했다. 또한 천문도를 완성해 쓰기 시작했다. 이슬람 학자들이 만든 '톨레도 천문도'는 코페르니쿠스와 케플러 같은 천문학자들이 널리 사용했다. 인류 최초로 체계적인 천문대를 세워 천체를 관측한 것도 이슬람 세계였다. 훌라가 통치한 일한국의 마라가 천문대가 가장 대표적이다. 이러한 수준 높은 이슬람 천문학의 발전과 유럽으로의 전파는, 유럽이 중세의 오랜 암흑기를 벗어나 소위 '대항해 시대'를 열 수 있는 배경이 되었다. 이슬람력의 원리는 원나라 때 중국과 우리나라에도 소개되어, 태음력의 정비와 발달에 크게 영향을 주었다.

이슬람 세계에서 천문학이 발달한 이유는 자연환경과 밀접한 관련

키르기스스탄 결혼식 장면. 전통 의상을 갖춰 입은 신랑, 신부와 하객들은 밤새 잔치를 하면서 결혼을 축하한다.

이 있다. 그들에게 천문학은 생존을 위한 학문이었다. 달의 움직임을 기본으로 이슬람 달력을 만들어 사용했고, 태양의 움직임에 따라 매일의 예배 시간과 라마단 달의 단식 시간을 측정했다. 매일 다섯 차례의 예배를 위해서는 메카 방향을 정확히 측정할 필요가 있었다. 또한 교역과 전쟁, 물을 찾아가는 여정은 태양이 모든 것을 삼켜 버리는 낮보다는 밤이 유리했다. 그래서 유목민과 카라반은 주로 밤에 이동해야 했다. 지형지물을 이용할 수 없는 막막한 사막에서 길을 찾아 앞으로 나아가는 것은 여간 힘든 일이 아니다. 따라서 유일한 길잡이인 별과 달을 관측해 정확한 방향을 잡아야 했다.

전통 아랍 사회에서는 일몰로 하루가 시작되고, 일출로 하루가 끝난다고 본다. 그래서 밤새 먹고 마시고 즐기는 문화가 남아 있어 지금도 결혼식과 잔치를 주로 밤에 한다. 1930년대부터 아랍에서 본격적으로 국민 국가가 탄생하고 독립 국가가 생긴 뒤, 이슬람권 국가의 국기 대부분에 별과 달이 자리 잡은 것도 이런 문화적 배경과 관련이 있다. 삶의 지침이자 미래의 희망인 별과 달을 국가적 상징으로 받아들인 것이다.

오랜 경험과 정확한 별자리 계산으로 어느 한 곳에 도착했을 때, 사방의 지평선을 둘러보아 목표물이 시야에 들어오지 않으면 계산이 틀린 것이다. 이럴 경우 잘못 계산한 사람만 곤란해지는 게 아니라 카라반이나 부족 전체가 방향을 잃고 생사의 기로에 놓이게 된다. 그래서 목숨을 걸고 정확하게 별자리를 계산해야 한다. 아랍의 오아시스 유목 사회에서 천문학이 발전하게 된 까닭이 여기에 있다. 천문학의 영어 표현인 'astronomy'는 아랍어에서 유래되었고, 인류가 사용하는 별자리 이름의 약 70퍼센트가 아랍어에서 유래되었다.

아랍 이슬람 사회에서는 천문학과 함께 점성술도 발달했다. 천문학이 첨단 학문이라고 한다면, 점성술은 일종의 보조 학문이자 정신과학의 성격이 강했다. 아무리 정확하게 별자리 계산을 했어도 최종 목적지에 무사히 도착할 때까지 카라반들은 불안할 수밖에 없다. 제대로 방향을 잡은 걸까? 오아시스 반대쪽으로 들어선 건 아닐까? 긴장감을 달래고 위험한 순간을 극복하기 위해 점성술이 발달했을 것이다.

중세 최고의 과학은 연금술이었다. 인위적으로 금을 만들고자 하는 인간의 꿈은 연금술이라는 학문을 급속도로 발전시켰다. 이 과정에서 화학, 물리학, 의학 같은 인접 학문이 발달했다. 물론 연금술은 주술이

병행되어 사회적으로 문제를 일으키기도 했다. 하지만 도금이나 염색 기술, 유리 제조, 아세트산이나 시트르산 추출 같은 화학의 발전을 인류에게 선물했다. 그 가운데 하나가 알코올 증류법의 개발이었다. 소주는 아랍의 알코올 증류 기술로 만들어진 술이다. 이후 소주는 실크로드를 따라 아시아 여러 나라로 퍼졌는데, 우리나라에는 몽골의 지배를 받으면서 들어왔다. 소주를 아랍어로 '알아락'이라고 한다. 놀랍게도 고려 말에 소주가 도입되었을 때 '알라기'라고 불렀다고 한다. 증류 기술이나 문화뿐만 아니라 용어까지 그대로 받아들인 것이다.

의학 분야에서는 11세기에 들어 히포크라테스[기원전 460?~기원전 377?]와 갈레노스[129?~199?] 같은 고대 그리스와 로마 시대 의사들의 의학서가 번역되었다. 이탈리아 남부의 도시 살레르노는 의학 연구의 산실로 유명했다. 당시 예방 의학과 외과 수술이 성행했으며, 서양에 '라제스'라는 이름으로 알려진 아락 주[865~923?]와 이븐 시나의 역할이 두드러졌다. 이븐 시나의 의학 백과사전인 《캐논》은, 13세기 이후 라틴어로 번역되어 수백 년 동안 유럽 의과대학의 기본 교과서로 사용되면서 근대 의학의 기초를 마련해 주었다. 연금술에서 탁월한 연구 성과를 보인 알라지는, 천연두에 관한 기념비적인 저술을 남겼고 중세 유럽에서도 가장 위대한 내과 의사로 평가받았다. 무엇보다 알라지는 한반도 신라의 살기 좋은 환경에 대해서도 언급할 정도로 전 세계에 관해 박식한 의사였다.

유럽에서 근대 의학이 활성화되기 전에 이미 아시아의 몽골 제국에서는 처방전과 약재를 비롯한 이슬람 의학이 광범위하게 사용되면서 인기를 끌었다. 몽골의 왕립 병원에는 무슬림으로 구성된 의료진이 왕족과

최상급 유향. 유향은 유향나무 수액을 말린 것으로,
가정이나 사원에서 연기를 내는 향으로 인기가 높았다.

관료들을 진료했다. 1268년부터 사마르칸트에서 수입된 '샤르바트'라는
음료는 배탈 특효약으로 몽골 귀족 사이에서 크게 유행했다. 또한 무슬
림 약물원도 설치되었다. 몽골 관리들은 몸에 약간의 이상만 있어도 무
슬림 의사들에게 진료를 받으려고 할 정도였다. 각 약국에는 무슬림 의
사들이 처방한 약품들이 비치되어 있었고, 원나라 수도 대도의 궁전에는
무슬림 의사들이 집필한 36권의 처방전이 늘 준비되어 있었다. 당시 그들
의 두개골 절개 수술은 높이 평가받았다. 이러한 의학 기술은 훗날 조선
에까지 영향을 끼치게 된다. 고려 말, 조선 초에 이슬람권에서 널리 쓰이
던 약재가 한반도에 알려진 것이다. 이에 따라 유향, 안식향, 용뇌, 서각,
몰약, 수은 등이 처방에 활용되었고, 이슬람의 의학적 요소가 도입되었
다. 당시 원나라는 태의원 밑에 '광혜사'라는 의료 기구를 설치했는데, 무

슬림 의사들은 이곳에서 근무하면서 앞선 이슬람 의술과 처방을 원나라에 전했다.

이렇게 이슬람 문화는 과학을 중심으로 무슬림들의 적극적인 활동에 의해 동서양의 여러 곳으로 전파되었다. 특히 중세 유럽 문화에 큰 영향을 주어 뒷날 르네상스와 근대 과학의 진보에 결정적으로 기여했다. 앞서 살펴본 것처럼 오늘날 우리가 사용하고 있는 과학 용어와 일상용어 중에도 이슬람권 언어에서 유래한 것이 많다는 사실로 미루어 이슬람 문화의 강한 영향력을 짐작할 수 있다.

이슬람 과학이 서구를 앞선 이유

서양인, 특히 역사 지식이 빈약한 미국인들은 이슬람 세계에는 존경할 만한 인물이나 문화적 요소가 거의 없다고 이야기한다. 그러나 역사적 진실은 다르다. 결실을 맺은 아랍 학문이 서양에 전파됨으로써 서양 문명은 비로소 존재할 수 있었다. 1,000년이라는 긴 중세의 암흑기 동안 유럽에는 오로지 신의 목소리만 존재하고, 인간의 창의성과 과학의 합리성은 여지없이 매장되었다. 그런 상황에서 오늘날의 서양 근대 과학을 상상하는 것은 거의 불가능하다. 그러나 이슬람 과학은 인류에게, 특히 서양 문명에 과학이 인간에게 자연을 지배할 수 있는 힘을 준다는 깨달음을 주었다. 이를 통해 서양의 과학 시대는 화려하게 문을 열게 되었다.

중세 서양과 이슬람 세계 사이에 왜 이러한 틈이 생겼을까? 그것은 그리스-로마의 철학과 학문 전통을 이해하는 사고방식과 학문적 재해석을 통해 세속적인 지식을 받아들이는 태도의 차이에서 비롯되었다. 예를 들면 서양 기독교 세계는 플라톤에게서 영감을 얻었다. 특히 3세기 이후 알렉산드리아, 로마, 아테네 등지의 아카데미를 지배하고 있던 그리스 철학과 사상에 크게 영향을 받았다. 그러나 그러한 사상들은 기독교 교의라는 프리즘을 거치면서 지상의 비천한 삶과 천국 사이에는 무엇으로도 연결할 수 없는 커다란 간극이 있다는 독단으로 변질되어 버렸다. 그 결과 이성적 판단과 과학적 활동으로 얻은 경험을 통해서는 우주를 이해할 수 없다는 절대 한계를 만들어 놓았다.

반면 이슬람 세계는 신학과 과학이 갖는 상호 모순된 문제점을 회피하지 않고 치열한 논쟁을 거쳤으며, 몇몇 뛰어난 칼리프의 지원을 통해 종교적 해석에 이성과 과학이라는 선물을 허용했다. 신성과 세속 사이의 관계를 정립하려는 오랜 고뇌 끝에 '과학 연구는 종교적 의무'라는 획기적인 인식의 전환을 마련해 주었다. 이러한 확고한 신념이 형성되는 과정에서 칼리프 알마문의 역할을 빼놓을 수 없다. 중세 이슬람 역사에서 학문적으로 가장 뛰어난 통치자인 알마문은, 과학적 탐구에 종교적 사명이라는 신성한 보호막을 씌움으로써 과학을 이단적이고 세속적인 영역에서 종교의 하부 구조로 인식하는 길을 활짝 열어 놓았다. 이로써 중세는 이슬람 과학의 시대가 된 것이다.

이제 이슬람 세계에는 거칠 것이 없었다. 인간이 만든 합리적 추론과 이성적 판단, 축적된 경험적 관찰이 과학이라는 안전망 속에서 엄청난 위력을 발휘하기 시작했다. 나아가 신이 창조한 우주와 자연현상을 연구하는 것은 신의 영역에 도전하는 것이 아니라 신의 오묘한 섭리를 이해하기 위한 무슬림의 고귀한 의무로 받아들여지게 되었다. 종교와 과학이 이상적으로 조합된 것이다.

무슬림들은 일상이나 여행 중에 하루 다섯 차례 의무적으로 예배를 드려야 한다. 그래서 메카 방향을 정확하게 측정해야 했고, 이러한 필요에 따라 지리학과 천문학과 기하학을 발전시켰다. 무엇보다 초승달에서 시작해 다음 달 초승달까지 라마단 기간을 정확하게 계산하기 위해 천문학과 역법과 천체학을 연구했다. 또한 무함마드의 여정이나 언행록을 기록하기 위해 서지학과 역사학을 중시했다. 모든 학문은 신앙과 실과 바늘의 관계를 맺으면서 끝없는 진보를 거듭했다.

이를 위해 무슬림은 그리스-로마의 철학과 사상을 재해석하고, 인도와 중국은 물론 당시 지구상에 존재하는 모든 지식 정보를 망라했다. 이러한 지식들을 정리하고 체계화한 200년 동안 300만 권이 넘는 다양한 지식을 새롭게 개발된 중국 종이에 기록했다. 이런 자료 중에 신라를 기록한 필사본이 수십 권 포함된 것은 놀랍기보다는 오히려 당연한 일이었다.

유럽에 전해진 이슬람 학문

800년 가까이 이슬람이 지배한 이베리아 반도는 이슬람 문화를 유럽에 전달하는 과정에서 중요한 지식의 산실이 되었다. 톨레도를 중심으로 유대인과 무슬림으로 구성된 번역 전문 집단이 결성되어 번역 사업을 체계적으로 추진했다. 더욱이 학문 발전에 원동력이 되었던 중국 제지 기술이 10세기에 이미 이베리아 반도에 도입되어 있었다. 톨레도에는 제지 공장이 세워져 기록과 보존에 혁신이 일어났다. 이 시기에 아랍어는 필수 언어로 간주되었고, 거의 모든 학자가 아랍어를 배우기 위해 많은 노력을 기울였다. 고대 그리스 문헌은 물론 인도와 중국에 관한 지식 대부분이 아랍어로 번역되어 있었고, 아랍 학자들의 독자적인 풀이와 탁월한 재해석을 놓칠 수 없었기 때문이다.

그러나 이베리아 반도는 1492년 그라나다 이슬람 왕국의 패망으로 문화적 수명을 다하고 말았다. 이슬람 왕국이 패망하며 무슬림과 유대인들에 대한 대대적인 추방과 학살이 이어졌다. 1502년에 살아남은 무슬림과 유대인들은 개종을 강요당해야 했다. 이에 따라 800년간 축적된 찬연한 지적 기반이 무너졌다. 에스파냐는 신대륙 식민지에서 물자가 들어오면서 일시적으로 기운을 회복하는 듯했으나, 곧 쇠망의 길을 걷고 말았다.

중세의 전반적인 반이슬람 분위기 속에서도 객관적 방법론과 학문적 태도를 가지고 이슬람을 있는 그대로 바라보고, 기독교와의 유사성을 통해 공존과 화해를 도모하려는 시도도 있었다. 그 대표적인 학자가 프랑스의 기욤 포스텔이었다. 포스텔은 이전의 《꾸란》에 대한 무지와 잘못된 번역에서 비롯된 이슬람에 대한 오해를 바로잡고, 하나의 신을 믿는 기독교와 이슬람의 유사성을 설파했다. 물론 기독교 성직자와 당대의 보수적인 학자들로부터 심한 비난을 받았지만, 그의 저술은 이슬람을 바로 알리는 데 긍정적으로 작용했다.

이슬람 학문이 유럽, 나아가 인류 사회에 끼친 성과를 보면 그 범위와 파급력에 놀라게 된다. 대수학, 천문학, 기하학, 의학, 철학 등 어느 한 분야에도 영향을 끼치지 않은 것이 없다. 이슬람 문명과 여러 학문적 결실이 유럽에 전해져 확산된 계기는 십자군 전쟁이었다. 십자군 전쟁은 겉으로는 이슬람과 기독교 세계의 충돌로 보이지만, 실제로는 낙후된 서구가 동방의 선진 문화에 커다란 자극을 받는 계기였다.

아랍에는 없는 아라비아 숫자

0, 1, 2, 3, 4, 5, 6, 7, 8, 9

현재 전 인류가 함께 사용하고 있는 아라비아 숫자는 인도에서 비롯되었다. 일찍부터 대수학이 발달한 인도의 수학적 개념이 아랍 동부 지역에 전해지고, 이 중 '0'을 포함한 인도 숫자 형태가 북아프리카와 에스파냐를 통해 유럽에 전해짐으로써 아라비아 숫자로 알려지게 되었다. 그런데 오늘날 우리가 쓰는 숫자 형태는 최초로 인도에서 도입된 형태와는 많이 다르다. 인도 숫자는 아라비아 동부 지방을 거쳐 북아프리카에서 오늘날의 형태를 갖추었다고 알려졌다.

아라비아 숫자 체계는 '0'에서 시작해 서로 다른 열 개의 기호를 나열하는 십진법 체계. 처음 인도에서 발전된 1, 2, 3 숫자 형태는 이전 고대의 숫자 표시의 원리에 따라 간단한 눈금 기호로 표시되었다. 1은 가로선 하나, 2는 가로선 두 개, 3은 가로선 세 개로 나타냈다. 일반적으로 다른 문화권의 예에서 보듯이 3 이후의 숫자는 훨씬 복합적인 기호를 사용하는 경향이 강하다. 이는 물건의 개수가 세 개를 넘어가면 순간적으로 세는 것이 어려워지기 때문이다.

십진법의 원칙에 따라 고안되어 가장 간단하고 합리적인 아라비아 숫자는 이미 기원전 인도에서 출발했다. 아라비아 숫자의 혁명적 원리인 '0'의 기호와 십진 숫자 원리 체계는 1세기경으로 거슬러 올라간다. 그 후 이 숫자 체계는 670년경 이슬람을 받아들인 아랍 사회에 도입되었다.

당시 알콰리즈미를 비롯한 무슬림 수학자들은 바빌로니아 숫자 체계에 익숙했다. 바빌로니아 숫자 체계에서는 '0'이 다른 숫자들 뒤에 쓰일 수는 없었지만, 숫자 사이에서는 쓰일 수 있었기 때문에 한 단계 더 발전시켜 오늘날 아라비아 숫자 체계를 고안할 수 있었다. 그 후 10세기에 이르면 아랍 수학자들은 분수를 포함하도록 십진법을 더욱 확장했다. 아라비아 숫자가 유럽으로 전해진 배경에는 알제리의 베자이아에서 공부하던 이탈리아 수학자 피보나치의 공이 크다. 그는 1202년에 출간된 자신의 저서에서 아라비아 숫자 체계를 소개하고 정리했다. 그러나 그가 소개한 아라비아 숫자 체계는 당시 유럽의 문명 수준에서는 크게 각광받지 못했고, 15세기 인쇄술이 발명된 이후 널리 사용되기 시작했다.

아라비아 숫자의 변천

이슬람 예술의 꽃, 건축

건축에 압축된 예술혼

이슬람은 문화적 자양분이 축적되지 못한 오아시스 한가운데서 싹텄다. 새로운 종교 이념과 함께 강력한 군대 조직과 공납 제도, 토지 개혁, 관용적 피지배 민족 정책 등을 펼치면서 사회 조직의 기초를 단단히 다져 나갔지만 사회적 역동성을 뒷받침해 줄 문화적 기반이 절대적으로 부족했다. 따라서 이슬람은 주변 나라를 정복해 나가면서 그들의 문화와 지식 체계를 온몸으로 받아들였다. 그리고 이슬람이라는 용광로에 녹여 자기화하는 특유의 융화력을 발휘했다. 융화력과 포용 정신은 이슬람 문화의 가장 큰 특징이다. 특히 다른 문화를 전폭적으로 받아들이는 포용 정신은 이슬람 문화의 발전과 성장을 가져다 준 바탕이 되었다.

메카에서 출발한 이슬람 문화는 페르시아 문화를 끌어안음으로써 몇 단계 성숙했고, 실크로드를 따라 중앙아시아와 튀르크계 문화, 중국과 인도 문화까지 받아들였다. 이슬람 문화는 메카를 중심으로 동쪽과 서쪽으로 멀어질수록 풍성하면서 다양하고, 다문화, 다종교 공존의 정신이 강하게 살아 있다. 거꾸로 메카로 가까이 다가올수록 근엄하고 단순하며, 투박하고 무미건조하다. 메카에서 출발한 이슬람은 주변 문화를 수용하고 발전하면서 가장 동쪽에 가서 꽃을 피웠다. 그 금자탑이 17세기 무굴제국 시대에 세워진 인도의 타지마할이다. 반면 방향을 바꾸어 북아프리카와 지중해 문화, 에스파냐의 가톨릭 문화를 집대성해 가장 서쪽 끝에서 빛을 발한 작품이 그라나다의 알함브라 궁전이다. 두 건축물은 현대 건축가들이 동양과 서양을 대표하는 최고의 건축 예술 작품으로 손꼽

인도 이슬람 건축의 걸작인 타지마할의 화려한 실내 디자인.

는다. 이슬람의 건축술은 왜 이토록 발달했을까?

이슬람은 우상 숭배를 철저하게 금지하는 율법을 바탕으로 성장했다. 따라서 인물이나 동물상을 예술적 형태로 표현할 수가 없었다. 미술의 가장 중요한 분야인 회화와 조각에서 인물과 동물상이 금지되었기 때문에 예술적 표현은 제한되고 위축될 수밖에 없었다. 신들을 묘사하고 성인들까지 누드로 표현하는 르네상스 이후의 유럽 미술과는 대조적이다. 열정과 예술혼에 불타는 예술가들은 건축에 그들의 기량을 집중했다. 동물과 인물 형상을 제외한 채 꽃과 나무, 성스러운 《꾸란》의 아랍어 글씨를 가지고, 기하학적인 구도와 '아라베스크'라는 양식을 개척해 모스크와 왕궁, 정원과 학교를 꾸몄다. 천장과 벽면, 바닥에 한 치의 여백도 허용하지 않는 꽉 찬 예술적 표현 기법을 선보이면서 놀라울 정도의 예술성을 나타냈다. 모스크를 중심으로 이슬람 건축물들은 하나같이 뛰어난 구조와 실내 장식으로 보는 이의 찬사를 자아낸다.

이슬람에서는 음악 또한 금기시했지만 일정한 기법으로 표현되는 아름다운 음률의 《꾸란》 낭송은 최고의 음악으로 간주했다. 아랍 문학은 이슬람 이전에 유목민들 사이에서 유행하던 정열적이면서 현세를 노래하는 시와 노래가 중심을 이루었다. 그러나 압바스 시대 이후 이슬람 문학은 페르시아 문학의 영향을 받아 산문이 발달하고 궁정문학이 유행했다. 그중 가장 유명한 것이 《아라비안나이트》로 알려진 《천일야화》다. 이 작품은 설화집인 《천화》를 바탕으로 한다. 9세기경 아랍어로 번역되어 구전되었고, 아라비아와 인도를 비롯한 이슬람 세계의 다양한 요소가 복합되어 대표적인 이슬람 문학으로 알려지게 되었다.

삶의 중심, 모스크

모스크는 이슬람 사원을 말한다. 아랍어로는 마스지드, '엎드려 예배드리는 곳'이라는 뜻이다. 마스지드가 이슬람이 지배하던 에스파냐에서 '메스키따'로 불렸고, 이 말에서 영어 '모스크'가 나왔다.

국가가 술탄을 위해 대규모 모스크를 짓는 경우도 있지만, 대부분의 모스크는 마을 사람들이나 부자들이 낸 희사금으로 지어진다. 무슬림들은 재산을 자식에게 고스란히 물려주는 것을 미덕으로 여기지 않는다. 약간의 재산만 물려주고, 나머지는 사회에 환원한다. 마을이나 공동체를 위해 필요한 곳에 사용하게 하는데, 이런 점에서 모스크는 희사금이 몰리는 최고의 장소다. 왜냐하면 모스크에는 예배당 말고도 병원이나 목욕탕처럼 주민들에게 꼭 필요한 서비스를 제공하는 시설이 딸려 있기 때문이다.

모스크는 단순히 예배를 드리는 곳이 아니다. 무슬림들의 삶의 중심이면서 마을이나 도시의 상징이다. 그래서 모스크에는 반드시 학교, 도서관, 병원, 목욕탕, 여관 등이 부속 건물로 딸려 있고 그 주위에 큰 시장이 형성된다.

모스크는 휴식의 공간이기도 하다. 더운 날씨를 피해 사람들은 예배를 마치고 삼삼오오 모여 앉아 이야기를 나누며 즐긴다. 세상 돌아가는 얘기부터 마을의 중요한 문제에 이르기까지 모스크에서 의견이 모아지고 결정된 뒤 주변에 널리 퍼진다. 특히 금요일 합동 예배 때 이맘이 설교를 하면서 왕의 명령이나 국가의 중요한 변화를 공표하기도 한다. 모스크야말로 여론을 형성하고 수렴하는 데 빼놓을 수 없는 장소다.

튀르키예 코냐에 있는 인제 미나레트.

여행자들은 날이 어두워져 갈 곳이 없게 되면 무조건 모스크로 찾아간다. 그곳에는 가난하고 지친 여행자들을 위한 숙소가 준비되어 있다. 먹을 것을 나누어 주고, 필요하면 약간의 여비도 마련해 준다. 여행자를 보살피는 것은 이슬람 사회가 간직해 온 오랜 전통이다. 사람들은 여행자 주변에 몰려들어 지나온 여정과 바깥세상의 이야기를 듣는다. 여행자가 새로운 세상에 대한 정보 제공자 역할을 하는 셈이다. 이슬람 문화는 이처럼 모스크라는 공간을 통해 세상과 호흡하면서 새로운 아이디어를 얻어 발전해 갔다.

모스크 건축은 세 가지가 반드시 갖춰져야 한다. 첫째는 '미나레트'라고 불리는 첨탑이다. 미나레트는 신을 향한 열망인 동시에 주민들을 하느님 품으로 초대하는 외침의 장소다. 무아진이 미나레트 꼭대기에서 매일 다섯 차례 낭랑한 목소리로 아잔을 외친다. "신은 위대하다. 우리 모두 예배를 보러 올지니. 알라만이 유일하시고 다른 어떤 신도 없나니, 무함마드는 그분의 예언자임을 증언하나이다." 예배를 보러 오라는 초대의 낭송이다. 미나레트는 예배를 알리는 아잔을 낭송하기 위해 높이 짓는다. 그런데 미나레트는 한 개만 있는 것이 아니다. 모스크의 크기에 따라 두 개, 네 개, 심지어 여섯 개를 두기도 한다. 술탄이나 왕의 이름으로 짓는 모스크는 규모가 크기 때문에 보통 두 개 이상의 미나레트가 있다. 둘째는 모스크 예배당 안에 꾸민 '민바르'라는 설교단이다. 이슬람의 합동 예배인 금요일 낮의 주마 예배 때 이맘이 설교를 하는 곳이다. 세 번째는 모스크의 가장 중요한 시설인 '미흐랍'이다. 모든 무슬림은 하느님의 집이 있다고 믿는 메카를 향해 하루 다섯 번의 예배를 올린다. 따라

가장 아름다운 모스크로 손꼽히는 이스탄불의 블루 모스크(원래 이름은 술탄 아흐메트 모스크).

서 예배를 드리는 방향인 메카를 표시하는 벽감인 미흐랍이 가장 중요하다. 그래서 모스크에서도 가장 아름답게 장식한다.

세 가지 기본적인 구조 외에도 모스크에는 몸을 씻는 의식을 위한 정원이나 분수가 마련된 곳이 많다. 무슬림들은 예배를 보기 전에 일정한 의식에 따라 손과 얼굴, 발을 깨끗이 씻고 모스크 안으로 들어가기 때문에, 정원 안에 '사흔'이라는 씻는 시설을 갖추어 놓았다.

세상에서 가장 아름다운 모스크 가운데 하나로 손꼽히는 이스탄불의 블루 모스크를 살펴보자. 17세기에 지어진 블루 모스크는 여섯 개의 미나레트를 가진 유일한 모스크다. 중앙에 큰 돔이 있고 주위에 작은 돔을 만들어 무게를 분산시켜, 중앙을 떠받치는 기둥을 사용하지 않고 넓은 홀을 만들어 놓았다. 중앙 돔을 만들고 주위에 작은 돔을 여러 개 만들어 중앙 홀을 넓게 만든 건축 방식을 '비잔틴 양식'이라 한다. 블루 모스크 맞은편에 있는, 6세기에 지어진 성 소피아 성당을 본떠 만들었다. 모스크 안에는 인물이나 천사, 동물 그림이나 조각이 전혀 없다. 꽃과 나무를 아랍어 서체와 결합해 만든 아라베스크 무늬가 모스크 천장과 벽면을 가득 채우고 있다. 벽면에는 빛이 환상적으로 새어 들어오는 스테인드글라스와 함께 아라베스크 무늬의 타일을 붙여 놓았다. 타일이 푸른빛을 띤다고 해서 '블루 모스크'라는 애칭으로 흔히 불린다. 원래 이름은 '술탄 아흐메트 모스크'이다.

아라베스크 무늬의 신비

모스크 안에는 특별한 장식이 없다. 대신 꽃과 나무를 상징하는 무늬와 하느님의 말씀을 기하학적으로 배치한 아랍어로 예술성을 표현했다. 이것을 '아라베스크'라 한다. 천장은 프레스코화로, 벽면은 푸른빛이 도는 타일로, 바닥은 온갖 색감과 형태를 가진 아라베스크 무늬의 카펫으로 꾸며 놓았다.

이슬람 예술은 작품에 사람이나 동물을 표현하지 않는다. 사람이나 동물의 형상이 우상 숭배 도구로 전락할 수 있다고 생각하기 때문이다. 그래서 다른 종교들이 성화나 성물을 만들어 숭배하는 것을 경멸했다. 하느님 외에는 누구도 섬기지 말고, 누구에게도 고개를 숙이거나 경배하지 말라는 이슬람의 가르침 때문이다. 아라베스크는 이러한 시대적 상황과 종교적 배경에서 피어난 대안적 예술이자 새로운 문화였다.

아라베스크는 반복과 대칭이 특징이며,《꾸란》구절을 아랍어 서체로 꾸며 장식한다. 모든 예술은 결국 하느님의 뜻에 따른다는 의미를 담은 것이다. 시작도 끝도 없는 반복과 대칭 구도 자체가 바로 오묘한 신의 예술이다. 무미건조한 종교적 근엄함에 갇혀 있던 무슬림 예술가들은 아라베스크라는 새로운 분출구를 통해 그들의 예술성을 집약적으로 표출하기 시작했다. 그리고 그들만의 독특한 예술로 승화시켜 대단한 성공을 거두었다. 정교하고 화려한 꽃잎과 아름답게 뻗어 가는 나뭇가지, 비틀어지고 휘감기면서도 정연한 질서와 신의 메시지를 담은《꾸란》의 기하학적 서체, 천국을 상징하는 꽃과 잎, 물과 정원의 묘사는 사람의 마

이란의 이스파한에 있는 이맘 모스크의 아라베스크 무늬.

음을 움직이고, 역동적인 창조성을 드러냈다. 무슬림 예술가들은 음양이 조화를 이루고 좌우가 대칭되는 아라베스크를 통해 꼬리에 꼬리를 물고 이어지는 연결 철학, 디자인적인 상상력, 반복과 회전과 같은 인간의 모든 예술적 성향을 실험했다.

아라베스크가 가장 잘 표현된 장르는 타일과 카펫이다. 모든 모스크 벽면에는 아름다운 색상을 지닌 아라베스크 타일이 장식되어 있다. 카펫도 아라베스크 디자인이 잘 표현된 예술품이다. 카펫 디자인은 크게 꽃무늬와 기하학적 무늬로 나뉜다. 꽃무늬는 주로 페르시아와 인도에서 사용된 반면, 카프카스와 중앙아시아의 투르크멘 지역은 기하학적 무늬를 선호했다. 튀르키예에서는 기하학적 무늬가 더 많이 사용되었지만 두 가지 양식 모두 사랑받았다. 중국의 카펫에는 용이나 봉황, 간혹 도깨비 그림이 등장한다. 같은 디자인이라도 문화권에 따라 그 해석은 각기 달랐다. 용은 중국에서는 황제의 뜻을 내포하지만 페르시아에서는 악마, 인도에서는 죽음을 뜻한다. 페르시아 카펫에 간혹 등장하는 날짐 승들은 조로아스터교의 영향으로 선과 악의 싸움을 뜻한다. 꽃이나 식물 무늬에도 특별한 뜻이 있다. 실삼나무는 슬픔과 사후의 불멸을, 대추 야자나 코코넛 나무는 축복과 충족을 뜻한다. 작약은 부를, 연꽃은 가문의 영광을 뜻한다. 기하학적 무늬에도 의미가 부여되었는데, 중국에서 만卍 자 무늬는 평화를 상징한다. 간혹 이슬람의 상징으로 묘사되는 초승달은 진리의 시작이자 신앙심을 뜻하고, 끝없이 연결되는 매듭 모양의 기하학적 무늬는 지혜와 불멸을 뜻한다.

아라베스크는 우리나라에서는 여러 덩굴이 얽혀 뻗어 나가는 무늬인 '당초문'으로 알려졌다. 꽃과 식물을 기본 모티프로 사용한 디자인이 당나라를 통해 들어왔기 때문이다. 처마의 와당 장식, 불교의 단청, 청자나 백자에 그려진 무늬, 전통 가옥의 문살에서 흔히 보이는 당초문은 아라베스크를 원형으로 한다.

다양한 모티프를 사용한 종합적이고 융합적인 아라베스크 예술은 뒷날 다른 분야에도 큰 영향을 주었다. 음악에서 아라베스크는 하나의 악상을 화려한 장식으로 전개하는 악곡을 뜻한다. 슈만은 1839년에 작곡한 피아노 소곡작품 번호 18에 아라베스크라는 이름을 붙였다. 드뷔시의 초기 피아노곡도 아라베스크 계열의 작품으로 유명하다. 무용에서는 고전 발레 자세의 하나로, 한 발로 서서 한 손은 앞으로 뻗고 다른 한 손과 다리는 뒤로 뻗은 자세를 아라베스크라고 한다.

이슬람 건축의 최고봉, 알함브라 궁전

많은 건축가들은 인류가 만든 가장 아름다운 예술 건축물로 동양의 타지마할과 서양의 알함브라 궁전을 꼽는다. 둘 다 이슬람 건축물이다. 알함브라의 매력과 역사적 의미는 무엇일까?

시에나 산의 햇살을 받은 그라나다는 무척이나 환상적이다. 일곱 개의 언덕 위에 세워진 이 도시는 세련된 문화와 물질적 풍요로움이 어우러진 에스파냐의 고도古都이다. 도시 한가운데를 다로강이 동서로 가로지르고, 강 건너편 언덕은 알함브라 궁전이 차지하고 있다. 그라나다를 알함브라의 도시라고 말한들 어느 누구 하나 이의를 제기하지 않을 것이다. 인류 역사의 획기적인 전환점이 된 사건이 그라나다, 그것도 알함브라 궁전에서 벌어졌기 때문이다.

1469년 카스티야의 여왕 이사벨 1세와 아라곤 왕 페르난도 2세가 결혼하면서 두 왕국은 합쳐졌고, 이는 알함브라를 정복하려는 움직임으로 이어졌다. 무지막지하게 밀고 들어오는 에스파냐 군대에 이베리아 반도에 있던 마지막 이슬람 세력이던 나스르 왕조는 더 이상 버틸 힘이 없었다. 1492년 새해 첫날 밤, 마지막 왕 보압딜은 시민들의 안전을 보장받는 조건으로 궁전을 바치고 항복했다.

알함브라 궁전은 그라나다 시내 어디에서나 보이는 언덕에 지어진

알함브라 궁전.

요새다. 언덕 사이에 난 계단을 따라 올라가다 보면 알카사바 정상에 다다른다. 알카사바는 알함브라 궁전에서도 가장 오래된 성채로, 30여 개의 망루가 설치되어 있다. 그중에서도 가장 높은 벨라 탑에 오르면 그라나다 시내가 한눈에 들어온다. 건물들 사이로 보이는 마을은 무척이나 환상적이다. 새하얀 건물들이 아기자기하게 터를 잡고 있는 이곳이 바로 그라나다의 정신과 영혼을 담고 있는 이슬람 마을 알바이신이다.

이슬람 왕조가 멸망하고 새로운 주인을 맞이할 무렵, 에스파냐 병사들은 이곳 시민들의 안전을 보장해 주겠다는 페르난도 5세의 약속을 아는지 모르는지, 닥치는 대로 도시를 약탈하고 아무런 거리낌 없이 잔혹한 살육을 저질렀다. 이교도를 소탕하고 신성한 하느님의 땅을 세운다는 그들의 종교적 사명 앞에 한 문명이 무참히 짓밟혔다. 그렇다고 무슬림들이 순순히 무릎을 꿇은 것은 아니다. 이교도의 지배를 받느니 차라리 죽음을 선택한 사람들은 처참한 역사를 잊지 않고 후세에 전하기 위해 그들의 피를 곳곳에 뿌렸다. 그 피는 하얀 벽면을 붉게 물들였고, 아직도 군데군데 그 흔적이 남아 있다.

가톨릭교가 이 땅을 휩쓴 지 이미 오래지만 알함브라 궁전은 여느 아랍 궁전과 크게 다르지 않다. 아랍어로 '붉은빛'이라는 뜻의 알함브라는, 겉으로 보면 붉은빛이 도는 견고한 돌 조각을 쌓아 만든 밋밋하고 조악한 궁전에 지나지 않는다. 특별히 눈에 띄는 건축 양식이나 화려한 장식도 없다. 큰 기대를 하고 온 관광객이라면 살짝 실망할 수도 있다. 그러나 궁전 안으로 들어가면 실망은 순식간에 환희로 바뀐다. 이슬람 건축의 특징인 '투박한 껍질 속에 숨은 화려한 알맹이'가 눈앞에 생생하게 펼

알함브라 궁전 안의 12사자상.

처지기 때문이다.

　궁전 안으로 들어서면 아라야네스 정원이 가장 먼저 맞이한다. 분수가 있는 전형적인 아랍식 실내 정원을 중심으로 천국에서의 휴식을 표현한 시원한 공간 구조, 아라베스크 무늬의 벽면 장식과 마치 보석을 박은 듯한 화려한 조각품은 말로 표현할 수 없는 아름다움의 극치를 보여 준다.

　'사자의 정원'으로 발길을 옮기면 열두 개의 사자상이 떠받치는 분수

가 중앙을 장식하고 있다. 둥그렇게 등을 맞대고 있는 사자의 입에서는 연신 물줄기가 품어져 나온다. 그렇게 흘러내린 물줄기는 홈을 따라 정원 구석구석까지 퍼져 나간다. 물이 부족한 곳에 사는 아랍 사람들은 물에 대한 애착이 무척이나 강했다. 황량한 사막에서 어쩌다 발견되는 오아시스는 그들에게 꿈이자 희망이었다. 그들은 오아시스에 대한 애착을 사자의 정원에 그대로 옮겨 담았다. 벽면에는 현란한 아라베스크식 서체로 신

성한 《꾸란》의 글귀를 가득 새겨 그들의 꿈과 희망을 표현했다.

알함브라의 아름다움에 매료된 이사벨 여왕은 "내 생애보다 더 귀한 궁전에는 더 이상 손댈 게 없다."며 그대로 보전하기로 결정했다. 그들은 이미 모스크를 헐어 버리고 그 자리에 성당을 지어 가톨릭의 상징적 승리를 충분히 새겨 두었다. 그러니 굳이 알함브라 궁전을 허물어야 할 이유가 없었다. 그 후 카를 5세가 르네상스풍으로 투우 경기장 같은 왕궁을 세운 것을 제외하면 알함브라는 원래 모습을 그대로 유지하고 있다. 그렇다고 카를 5세가 이 궁전을 싫어하거나 파괴하려 한 것은 아니다. 그 또한 알함브라 예찬론자였다. "알함브라를 잃은 자여, 불쌍하도다. 알함브라를 버리는 삶을 택하느니 차라리 알함브라를 내 무덤으로 삼을 테다."라고 말할 정도로 그는 알함브라 궁전에 강한 애착을 보였고, 보압딜의 결정을 안타까워했다.

붉은 석양이 유난히 낮게 깔린 어느 날, 그라나다의 어느 무명 시인은 보압딜의 항복을 두고 목 놓아 울었다.

불운한 왕이여!
죽을 용기가 없어 그라나다를 떠나는 못난 왕이여!
남아 있는 인생이 무어 그리 대단할진대
그까짓 왕관 하나 벗어던지지 못하고
그라나다를 떠나 가느뇨.

이슬람 왕궁이 함락된 1492년, 이사벨 여왕의 후광을 입은 탐험가 콜럼버스[1451~1506]는 신대륙을 발견했다. 무적함대를 자랑하는 에스파냐의 전성시대가 막을 열었다. 한편 보압딜은 에스파냐에서 쫓겨나 지브롤터 해협을 지나 북아프리카로 건너왔다. 800년 전, 그의 선조가 이베리아 반도를 점령하면서 의기양양하게 건넜던 바로 그 길을 거슬러 올라간 것이다. 모로코의 이슬람 도시 페스에 정착한 뒤 63세를 일기로 눈을 감을 때까지 보압딜은 꿈에도 알함브라를 잊을 수 없었다. 그의 초라한 페스 궁전이 알함브라를 닮아 있는 것도 그 때문일 것이다.

일상의 골목 시계, 모스크

무슬림들은 하루에 다섯 번 예배를 드린다. 새벽 예배를 시작으로 낮 예배, 오후 예배, 해가 지는 시각에 맞춰 드리는 일몰 예배, 그리고 잠자기 전에 취침 예배를 본다. 물론 모스크에 가서 예배를 드리는 것은 아니다. 집에서 회사에서 심지어 여행 중에는 기차나 비행기에서도 간단하게 예배를 드릴 수 있다. 바쁘면 두 번의 예배를 묶어서 한꺼번에 봐도 된다. 모스크에서는 예배 시간을 알려 주는 아잔을 낭송한다. 무아진이 모스크 첨탑 위에 올라가 마을 사람들을 향해 예배를 알린다.

매일 다섯 번 아주 정확하게 외쳐 주는 아잔 소리로 마을 사람들은 하루의 시간을 가늠하고 살아간다. 그들에게 몇 분, 몇 초인지 정확한 시간을 가늠하는 것은 아무 의미가 없다. 무아진은 새벽 아잔으로 하루의 시작을 알리고, 정오 아잔으로 점심을 알리고, 오후 아잔으로 하루가 깊어 감을 알리고, 일몰 아잔으로 하루가 끝났음을 알린다. 그리고 취침 아잔을 통해 하루를 마무리하고 조용히 잠자리에 들라고 알려 준다.

아잔이 울리면 가까운 모스크로 향한다. 손발을 씻고 모스크 안에서 10분간의 예배 시간을 갖는다. 그러고는 마을 사람들과 이야기를 나누며 세상 돌아가는 소식에 귀를 기울인다. 해가 있는 날은 태양의 움직임으로도 대충 시간을 가늠할 수 있지만 비가 오거나 흐린 날에는 예배 시각을 알리는 아잔이 삶의 시간표 역할을 톡톡히 한다. 그리고 그 시간표는 날마다 해의 길이에 따라 달라지는 실질적인 삶의 기준이 되어 준다.

비잔틴 건축 양식이 그대로 남아 있는 시리아 다마스커스의 우마이야 모스크.

이슬람,
유행을 만들다

유럽 대항해 시대를 열어 준 이슬람 항해술

미국의 이슬람 역사를 보면 놀랍게도 1492년 콜럼버스의 아메리카 대륙 발견으로부터 시작된다. 그때 이미 아메리카 대륙에 이슬람이 뿌리를 내렸다니 쉽게 이해되지 않는다. 이베리아 반도의 많은 무슬림이 콜럼버스와 함께 항해에 나섰다. 합리적인 창의성과 과학적 발명이 상대적으로 억압당하던 중세 암흑기를 벗어나자마자 유럽의 조선술과 항해술에만 의지한 채 신대륙으로 향하는 것은 쉽지 않았다. 그래서 무슬림 항해사들이 콜럼버스의 길잡이로 나선 것이다.

1498년 5월 20일, 포르투갈 탐험가 바스쿠 다가마[1469?~1524]는 아랍인 항해사 아흐마드 이븐 마지드[1421~1500]를 앞세워 아프리카 남단 희망봉을 돌아 인도 서부 캘리컷에 도착하는 데 성공한다. 이로써 유럽인들의 화려한 대항해 시대가 열렸다. 중세의 긴 암흑에서 유럽이 깨어나는 역사의 전환점이 마련된 셈이다. 그러나 소위 지리상의 발견과 대항해 시대는 어디까지나 유럽인들에게 국한된 지극히 서구 중심적인 생각이고 역사 인식이었다. 그들이 목숨 걸고 천동설과 지동설 사이에서 논쟁하고 있을 때, 아라비아와 중국 동남부 사이에는 일찍부터 인도와 동남아시아를 중심에 둔 바닷길이 열려 있었다. 앞선 항해 기술과 조선술, 별의 움직임에 대한 정확한 관찰, 조류의 방향과 속도, 계절풍을 이용해 아랍인들은 아라비아해와 인도양을 가로질렀다.

중국 자료에 의하면 이미 3~4세기경 거대한 무역선이 중국 해안을 출발해 걸프 해역으로 향하고, 더 나아가 유프라테스와 티그리스강 상

인도와 오만을 오가던 향로 무역선.

류까지 항해했다고 한다. 아랍 역사서에도 5~6세기경 중국의 선박들이 걸프 해역의 시라프항까지 도달했음을 밝히고 있다. 그러나 6세기까지 중국과 아라비아 사이의 해상 교역은, 중국 상인들이 걸프 해역으로 직접 진출하기보다는 아랍 상인들이 중국으로 진출한 경우가 훨씬 많았다. 7세기에 이슬람이 성립된 이후 두 나라 사이의 해상 교역은 더욱 빈번해졌고, 양측 역사서에 적지 않은 기록들이 등장한다.

아랍 역사학자 알마수디896?~956?는 그의 대표작《황금 초원과 보석 광산》에 7세기경 진귀한 물건을 가득 실은 중국 상선들이 아라비아 동부와 걸프 해역으로 들어와서 교역을 했다고 기록했다. 다른 자료에 따르면 오만의 수도 무스카트에는 중국 시장이 형성될 정도라고 했다. 중국인들은 주로 겨울철 북동풍을 이용해 중국 광둥 지방의 광저우에서 아라비아해로 향했으며, 4월부터 10월 사이에 불어오는 남서계절풍을 이용해 돌아오는 항해를 반복했다. 그러나 오만과 중국 두 나라를 바로 오가는 것보다는 인도와 동남아시아를 중간 거점으로 삼아 교역하는 것이 더욱 경제적이었다. 아랍-페르시아 상인들도 직접 중국까지 가기보다는 인도 말라바르 해안의 케랄라, 스리랑카, 말라카, 수마트라 해안, 좀 더 북쪽으로 올라가서는 베트남 남부의 참파를 근거지로 삼아 중간 교역의 이득을 챙겼다. 그러다가 8세기 이후부터 항해술과 대양 횡단 항로에 대한 정보와 경험이 축적되면서, 광저우까지 직접 오가며 교역하는 양이 점차 늘어났다. 아랍-페르시아 상인들이 머물던 중국 동남부 해안은 한반도와 매우 가깝다. 오랜 항해 끝에 중국에 자리 잡은 그들이 또 다른 황금 시장인 신라를 놓칠 리가 없었다. 아랍 역사서에 보이는 신라에 대한 수많은 기록이 이를 말해 준다.

걸프 해역에서 출발한 아랍 상인들의 중국 진출 항로를 살펴보자. 계절풍이 불기 시작하는 4월 초 시라프항이나 호르무즈섬에서 짐을 실은 교역선은 처음에는 대양의 폭풍우에 대비하고 항로를 이탈하는 위험을 줄이기 위해 잘 알려진 연안 항로를 따라 중국으로 향했다. 첫 번째 기항지는 걸프 해역 입구에 있는 오만 해협의 소하르나 무스카트항이었다. 여기서부터 인도까지는 고대 그리스-로마 상인들이 이용한 연안 항로보다는 인도양을 가로지르며 대양을 횡단하는 모험을 해야 한다. 따라서 충분한 물과 식량을 실어야 하는데 살아 있는 소까지 실었다. 그리고 약 한 달간의 항해 끝에 말라바르 해안을 따라 인도 남서부 항구에 도착하게 된다. 다시 먹을 것과 물을 싣고는 스리랑카 남부 해안을 향하기 위해 인도양 남서부에 있는 니코바르 군도를 목표로 두 번째 대양 횡단을 시도한다. 그러면 가장 위험한 코스는 일단 통과하게 된다. 아흐마드 이븐 마지드가 남긴 글에는, 인도양을 횡단하는 대신 파키스탄의 신드를 통해 인도 서해 연안을 따라 남하하는 코스도 소개되어 있다. 스리랑카 남단을 우회한 배는 말레이 반도를 따라 남쪽으로 가다가 동서 해상 교역의 중요한 중간 기착지인 말라카에 이른다. 이어 싱가포르에 들렀다가 동쪽의 파타니, 송클라를 거쳐 타이의 시암 만에 도착한다. 말라카에서 약 열흘이 걸리는 항해. 다시 물과 식량을 보급받고, 한 달쯤 뒤면 캄보디아와 참파를 거쳐 드디어 중국 남부 해안에 도착한다. 최종 목적지는 광저우였다.

오만 정부는 '바다의 실크로드'라고 불린 항해로를 재현하는 사업에 착수했다. 당시와 똑같은 범선을 만들어 걸프 해역의 중요한 출항지였던 소하르에서 출발해 광저우까지 항해하는 것이었다. 165일 만에 만들어진 27미터 길이의 범선은, 1981년 1월에 무스카트를 떠나 7월 11일 광저우 항에 도착했다. 6개월 만에 9,656킬로미터의 바닷길을 달린 대장정이었다. 그보다 더 놀라운 사실은 '소하르'라는 이름의 이 범선이 옛 기록에 거의 일치하는 항해를 한 것이다. 오만인들을 중심으로 한 고대 아랍인들의 항해 기술과 바다에 대한 정확한 정보가 사실임이 입증된 셈이다. 10년이 지난 1990년 11월에는 오만 국왕의 개인 탐사선인 '풀크 알

살라마'가 유네스코의 해상 실크로드 조사를 위해 베니스에서 우리나라 부산항까지 고대 교역로를 따라 항해했다. 이 탐사에서 고대 항해로와 교역품, 해류나 항해술 조사를 통해 바다의 실크로드가 거의 완벽하게 복원되었다.

고대 뱃사람들에게 처음부터 시라프와 광저우 간 직항 바닷길이 열려 있었던 것은 아니다. 익숙한 바닷길을 통해 중간 상권을 형성한 뒤, 점차 그 세력을 넓혀 갔다. 고대부터 중간 거점 역할을 한 곳은 인도양을 가로질러 만나게 되는 인도 서부 해안이었다. 특히 말라바르 해안의 케랄라가 인상적이다. 케랄라에서는 고대 그리스-로마 시대 금화가 많이 발견된다. 카이사르, 트라야누스 황제와 하드리아누스 황제의 모습이 새겨진 로마 금화를 통해 적어도 1,800년 전부터 그리스-로마 상인들이 인도 서부와 활발하게 교역했음을 알 수 있다. 한 타밀 시인의 글에도 케랄라의 무지리스 항구가 "아름답고 큰 그리스 선박들이 물결을 출렁이며 금은보화를 싣고 오는 곳"으로 묘사되어 있다. 로마 역사학자 플리니우스도 무지리스항을 가리켜 "인도 최초의 국제 무역항"이라고 했다. 인도의 후추뿐만 아니라 중국에서 수입한 비단과 옷감, 계피, 인도네시아의 진주, 보석, 거북 껍데기 등이 케랄라의 무지리스에서 거래되는 주된 물품이었다.

남부 인도와 중동 사이의 해상 무역은 이미 기원전 2,000년경부터 시작되었지만, 본격적인 교역은 그리스인들이 계절풍인 몬순을 뱃길에 이용한 1세기 이후에 이뤄졌다. 이때쯤이면 아프리카 동부 해안에서 출발한 로마 선박이 케랄라에 도착하는 데 40일밖에 걸리지 않았다.

케랄라는 바닷길을 따라 서양과 중국을 잇는 고대 국제항이었지만, 16세기 이후 새로운 서구 해상 세력이 인도에 진출하면서 그 성격이 변질되었다. 교역이 자유롭게 이뤄지던 항구에서 서구 세력을 위한 일방적인 물자 조달 창구로 바뀐 것이다. 이때 케랄라의 또 다른 도시 코친이, 서부 해안에서 봄베이뭄바이의 옛 이름에 이은 제2의 국제항으로 떠오르는 계기가 되었다.

동시 패션 시대를 살아간 신라와 이슬람 세계

우리 문화 깊숙한 바탕에는 여러 문화가 섞여 있다. 아주 먼 시기부터 물길을 따라 외부에서 들어온 문화는, 우리를 살찌우고 새로운 삶의 방향을 제시해 주는 중요한 자극제였다. 가까운 동북아시아와 중앙아시아는 물론, 아랍과 이슬람의 문화도 예외 없이 흘러들어 한반도에 흔적을 남겼다.

신라 고도 경주에서 출토된 다양한 서아시아 교역품과 양식 기법, 아랍인의 신라 진출과 경주 원성왕릉괘릉에 있는 이방인 석상, 처용의 존재에 대한 새로운 논의 등은 오래전부터 멀리 서아시아의 문화가 한반도로 흘러들어 왔다는 구체적 증거로 연구되어야 한다. 경주 원성왕릉의 문인석상은 중앙아시아 위구르인의 모습인 데 반해, 무인석상은 페르시아계 무슬림 군인의 모습이다. 고분에서 출토된 여러 토용의 모습에서도 페르시아계나 튀르크계 서역인의 분위기를 느낄 수 있다. 무엇보다 페르시아 왕자의 신라 진출을 전해 주는 고대 페르시아 구전 서사시《쿠쉬나메》의 발굴과 연

원성왕릉 무인석상.

구는 신라 사회의 대외 접촉사에 새로운 실마리를 던져 주었다.

고대 문화 교류는 우리의 상상을 뛰어넘을 정도로 매우 빠르고 광범위하게 진행되었다. 아랍-페르시아 상인들의 신라 진출이 본격화된 8~9세기경에는 여러 대륙에서 비슷한 문화 현상이 나타났다. 비잔틴 제

신라시대의 무덤 천마총에서 출토된 유리잔. 서아시아에서 실크로드와 바닷길을 거쳐 전해졌을 것으로 추청한다.(문화재청)

국의 수도 콘스탄티노플, 이슬람 제국의 수도 바그다드, 당나라 수도 장안, 신라 수도인 경주에 같은 패션이 유행할 정도였다. 콘스탄티노플의 왕족들이 사용하던 장식품, 공작새 꼬리털, 비취새 털, 보석류, 여성 소품, 장신구와 바그다드 일대에서 전해진 다양한 페르시아 카펫과 카펫 장식품, 모직 말안장, 아라비아 남부의 유향, 몰약, 옥 빗, 에메랄드와 유리 제품, 금속 수공예품 등이 중국 장안을 거치거나 이슬람 상인들의 직거래를 통해 경주까지 활발하게 전달되었다. 화려하고 진귀한 수입품들은 신라 귀족 사회의 고급문화를 일구었다. 경주 고분에서 발굴된 수많은 서아시아계 출토품과《삼국사기》에 보이는 아랍 상인들의 교역품 목록이 이를 입증하는 좋은 예다.

콘스탄티노플에서 경주로 전달되는 교역품의 수송 기간은 바닷길과 낙타를 이용한 육상 실크로드를 거쳐 6~8개월 정도 걸렸다. 그래서 '동시 패션 시대'가 가능했다. 교역품의 가치를 극대화하려면 다른 상인들과 속도 경쟁을 벌이며 가장 경제적이고, 빠른 방법으로 경주 시장에 도착해야 했을 것이다. 물론 육상이나 해상 교역 모두 전속력으로 하나의 목표 시장을 향해 달리지만은 않았다. 중간 기착지에서 교역을 하면서 상품들을 필요한 지역으로 옮겨 나갔다. 콘스탄티노플에서 경주에 이르는 실크로드 1만 2,000킬로미터 중간중간에 있는 카라반 숙소의 상황이나 낙타의 이동 속도, 고대 교역에 관한 자료를 참고해 생각해 보면 육로로 빠르면 10개월 정도 걸린다는 답이 나온다. 낙타는 하루 10시간씩 40킬로미터를 이동할 수 있다. 이는 꼬박꼬박 먹이를 챙겨 먹이고, 20~30킬로미터마다 있는 카라반 숙소에서 충분한 수면을 취하면서 이동할 때의 최대 거리다. 바닷길도 마찬가지다. 그러나 이런 속도로는 자칫 사업을 망칠 수 있다. 일주일 늦게 목적지에 도착했다고 하자. 다른 경쟁자가 비슷한 물품을 시장에 풀었다면 결정적인 타격을 입게 된다. 전 재산과 목숨을 걸고 험난한 실크로드를 달려온 보상치고는 너무나 허망한 결과다. 그래서 일단 물품 목록과 목적지가 정해지면 부가가치가 가장 높고 이익이 많이 남는 물품은 곧장 시장을 향해 전속력으로 보내진다. 세계 어느 지역의 물건, 유행, 패션이든 8개월이면 경주까지 올 수 있었다.

바닷길 역시 서아시아 문화가 한반도에 들어오는 데 육로 못지않게 결정적 통로 역할을 했다. 고대부터 뚫려 있던 바다를 통해 한반도는 세계적인 변화의 물결을 온몸으로 받아들이는 위치에 있었다. 걸프 해역에서 출발한 아랍 상인들은 6개월 뒤면 중국 동남부 해안에 도착했는데, 그곳에 정착해 살면서 공동체를 이루기도 했다. 때로는 중국 해안가에서, 때로는 한반도를 오가면서 아시아의 끝과 끝은 그때부터 친분을 나누는 사이가 되었다. 통일신라 이전까지는 주로 육상의 실크로드가 선호되었지만, 8세기부터는 중국 동남부 해안과 한반도 간의 직간접 해상 교역이 활발해진 것으로 보인다. 더욱이 9세기 초, 장보고의 해상 세력이 중국-한반도-일본을 잇는 동북아 경제권을 완전히 장악하고 있었기 때문에, 신라와 아랍 상인들 간의 교류는 주로 중국에서 간접적으로 이루어졌다. 그러나 장보고 세력이 몰락하고 시장 질서가 어지러워지는 9세기 중반 이후에는 아랍 상인들이 직접 한반도로 진출하기도 했다. 아랍 역사서에 신라가 자주 등장하고, 구체적인 교류의 흔적이 보이는 시기와도 맞아떨어진다.

9세기에 들어서면서 아랍-페르시아 상인들의 한반도 왕래는 매우 잦았다. 845년경에 편찬된 아랍 지리서《왕국과 도로 총람》에 따르면 많은 아랍인이 자연환경이 뛰어나고 금이 많이 나는 신라를 동경해 한반도로 건너와 정착했다고 한다. 이러한 자료가 단편적이고 흔하게 나타나지 않는다면 우연의 일치이거나 신빙성이 없는 이야기로 생각할 수도 있다. 그러나 9~15세기에 이슬람 학자들 18명이 쓴 20여 권의 책에서 아랍인과 신라인의 접촉을 빈번하게 다루고 있다. 더욱이 무슬림들의 신라 진출과 신라의 위치, 자연환경, 산물 등에 관한 기록이 여럿 전해지고 있다.

특히 9세기 아랍 여행자들이 남긴 기록에 따르면, 875년부터 중국 당나라에서 10여 년 동안 농민 봉기 '황소의 난'이 일어났을 때 중국 동남부 해안 지역에서만 10만 명 이상의 외국인이 살해되었다고 한다. 그 수가 어느 정도 과장되었다 하더라도, 당시 그곳에 정착한 외국인의 거의 대부분이 아랍-페르시아 상인이었다는 사실을 생각해 보면 무슬림의 규모가 얼마나 컸는지 짐작할 수 있다. 황소의 난 이후 외국인에 대한 집단 학살과 외국 문화를 배척하는 분위기는 그곳의 아랍-이슬람 상인 세력에게도 치명적이었다. 그들은 살아남기 위해 이름을 바꾸고, 중국 관습을 받아들이는 중국화를 택했다. 이들이 오늘날 중국 회족의 조상이다. 나머지 사람들은 생명을 부지하기 위해 본국으로 돌아가거나 새로운 돌파구를 찾아 가까운 동남아시아나 인도 등지로 가서, 그곳에 이미 자리를 잡고 있던 아랍인들과 합류했다. 이들 이슬람 상인 세력이 뒷날 동남아시아에 이슬람이 널리 전파되는 데 크게 기여한 사실은 잘 알려져 있다.

대량 살육이 벌어지는 위급한 상황에서 일부 이슬람 상인 세력은 신라로 유입되지 않았을까 짐작해 볼 수 있다. 가까운 거리에 있고, 이미 오래전부터 뱃길로 오가면서 교역을 하던 신라로 피신한 무리가 있었을 것이다. 그들이 《삼국유사》에 등장하는 처용 일행일 가능성은 매우 높다. 왜냐하면 처용이 등장하는 880년 무렵은 바로 중국 동남부 해안에서 황소의 난이 일어난 시기와 맞아떨어지기 때문이다. 분명한 것은 당시 신라는 아랍 해상 세력에게 매력적인 나라로 비쳤으며, 신라로 향하는 항로는 매우 친숙한 길이었다는 사실이다.

13세기 초 몽골 제국이 등장하면서 바다를 통한 문화 흡수는 줄어든 대신 육상 실크로드라는 매력적인 문화 전파로가 활성화된다. 일반적으로 비용 면에서는 육로보다는 바닷길이 훨씬 경제적이다. 육로는 여러 나라를 거쳐야 하기 때문에 위험할 뿐만 아니라 매번 통행료와 세금을 내야 하므로 경제적인 면에서 불리하다. 그런데 몽골 제국이 세계를 통합하고 일사불란하게 역참국가의 명령이나 문서를 전달하고 관리의 업무와 이동을 지원하기 위해 지방 곳곳에 설치한 교통·통신 기관 제도를 제공한 덕에 역사상 가장 빠르고 값싼 육상 교역로가 개통되었다. 고려에서 헝가리까지 하나의 통행증으로, 실크로드 교역로를 최대 속도로 달려갈 수 있게 된 것이다. 칭기즈 칸 기병들은 하루 최대 134킬로미터를 행군했다고 하니 당시 실크로드 교역과 문화 전파의 속도가 상상 이상으로 빨랐음을 알 수 있다. 역참과 보급로가 안정적으로 확보된 상태에서 실크로드 교역은 크게 활성화되었다.

원나라 시대 무슬림이 남긴 문화유산

칭기즈 칸의 몽골은 그들의 지배를 받게 된 주변 민족들에게는 더할 수 없는 재앙이었다. 하지만 인류 문명의 전파와 과학의 발전이라는 측면에서는 놀라운 자극의 계기였다. 역설적이게도 예나 지금이나 전쟁은 교역과 더불어 인류의 삶을 한 단계 높이는 계기였다. 몽골의 간섭을 받은 고려 사회도 이미 앞선 세계 문명을 호흡하고 있던 몽골 제국의 흐름을 그대로 받아들였다. 지금 우리의 전통문화로 굳어진 많은 요소가 몽골에게 지배당한 시대적 아픔의 결과인 것이 적지 않다. 이런 문화 전파 과정에서 실크로드 교역을 장악한 이슬람 상인과 두뇌 집단 들의 역할이 매

광저우 박물관에 보관된 고려인 라마단의 비문.

우 컸다.

　이슬람 상인들의 해상을 통한 한반도와의 활발한 교류는 통일신라 때 전성기를 이루었고 고려 중기까지 계속되었다. 그들은 고려 초에는 대식大食이라는 이름으로, 교역을 위해 서해 앞바다를 드나들었다. 그러나 1259년 고려가 몽골의 간섭을 받으면서 바닷길을 통한 교류는 잠잠해진 대신 육상 실크로드의 전성기가 열렸다. 그리고 중앙아시아의 무슬림들이 한반도로 몰려오는 새로운 국면을 맞았다. 중앙아시아 위구르-튀르크계로 짐작되는 무슬림回回人들은 몽골이 고려를 침략할 때는 몽골군의 일원으로, 뒷날 몽골이 세운 원나라가 고려를 지배할 때는 관리, 역관譯官, 서기書記, 시종무관侍從武官 등의 직책을 가진 준지배 세력으로서 한반도에 유입되어 정착했다. 그들은 고려 조정에서 벼슬을 얻거나 몽골 공주의 후원을 배경으로 권세를 누리다가, 점차 고려 여인과 결혼하면서 동화되었다.

고려에 거주하던 회회인들은 왕실과 특수한 관계를 유지하며 경제적 활동으로 부를 축적해 갔으며, 상당한 사회적 지위를 얻을 수 있었다. 그들 가운데 일부는 개경에 가게를 차리고 장사도 했다. 대표적인 고려가사 〈쌍화점〉에 보면 '회회 아비'가 등장하는데, 이는 이슬람 상인을 지칭한 것으로 보인다. 그리고 '쌍화'는 지금도 위구르 지역이나 중앙아시아에서 즐겨 먹는 만두의 하나인 '삼사'를 가리키는 것으로 보인다. 나아가 고려 사회에 정착한 이슬람 상인들은 실크로드를 통한 오랜 국제 교역 경험을 바탕으로 중국은 물론 동남아시아까지 진출해 수출입 업무를 담당했다. 최근 중국 광저우 박물관에서 확인된 라마단剌馬丹의 비문에서 보듯이 고려와 중국의 관계에도 무슬림들의 활약이 있었다. 라마단은 고려인 상인이면서 이슬람교도였던 인물이다. 이 비문에는, 그가 광저우에 와서 무역을 하다가 병들어 죽게 돼 이슬람 묘역에 안장되었다는 내용이 담겨 있다.

고려에 정착한 무슬림들은 자신들의 고유한 풍속, 언어, 종교를 보존하면서 개성과 인근 도시에 자치 공동체를 형성했다. 그들은 고려가 망한 후 조선 초기까지도 집단생활을 하며, 전통 복장 차림으로 종교 의식을 계속했던 것으로 보인다. 특히 무슬림 지도자들은 궁중 하례 의식에도 정례적으로 참석했다. 그들은 《꾸란》 낭송이나 이슬람식 기도를 통해 국가의 안녕이나 임금의 만수무강을 축원하기도 했다.

한편 고려 말·조선 초기부터 본격적으로 이슬람권과 접촉한 결과,

부분적인 이슬람 문화가 한반도에 직간접으로 영향을 끼치게 되었다. 가장 대표적인 것이 헤지라력으로 알려진 순태음력인 이슬람 역법회회역법의 도입이다. 《칠정산외편》은 세종의 명령에 따라 이슬람의 역법을 연구해 해설한 책이다. 세종이 농업을 획기적으로 발전시키기 위해 역법을 정비하려고 할 때, 기존의 중국 역법은 오차가 심해 우리 실정에 맞지 않았다. 그래서 중국에서 회회역법을 얻어 그 원리를 깨우쳐 역법을 완비한 것이 순태음력인 《칠정산외편》이다. 《칠정산외편》은 세종이 마련한 한국식 이슬람 역법인 셈이다. 그 외에도 조선 초기에 집중적으로 개발된 과학 기구나 의학 분야에서도 당시 중국에서 널리 사용되던 세계 최고 수준의 이슬람 과학과 의학의 영향을 크게 받은 흔적들이 있다. 이슬람 문화는 음악, 미술, 도자기청화 백자에 사용된 푸른 물감은 페르시아에서 중국을 거쳐 수입되었다. 이 물감을 회회청이라고 불렀다. 등 예술 분야와 문자와 언어위구르어에 이르기까지 조선 사회에 폭넓게 전파되었다.

몽골을 통해 받아들인 선진 학문과 과학 기술은 조선 초기까지도 위세를 떨쳤다. 당시 이슬람 과학은 의심의 여지없이 세계 최고 수준이었기 때문이다. 문화 전파자 역할을 해 온 위구르계 두뇌 집단은 조선 초기까지 집단촌을 형성하면서 우리 사회에 그들의 지식을 쏟아 냈다. 세종 때의 학문과 과학의 르네상스는 우연히 만들어진 것이 아니다.

그런데 15세기 중반에 접어들면서 이슬람 문화의 흔적은 점차 희미해져 갔다. 1427년 세종의 외국 문화 배척 칙령으로 이방인들에게 빠른 동화를 강요했기 때문이다. 국가적 이념으로 받아들인 신유교주의가 강조되면서 세계관의 초점은 온통 중국이었다. 그 결과 이즈음 이슬람권을 평정하고 새롭게 세계의 강자로 떠오르던 오스만 제국과, 그들과 경쟁하며 힘을 키워 가던 유럽의 변화를 읽을 수가 없었다. 세계사의 흐름을 놓친 잘못은 훗날 참담한 결과로 나타나게 된다.

유럽에 부는 이슬람 바람

오스만 제국이 지배하던 동부 지중해는, 유럽 전역을 상대로 교역하면서 새로운 문화와 삶의 방식을 소개하는 창구 역할을 했다. 오스만 제국 문화의 특징은 근본적으로 중앙아시아의 유목 문화에 비잔틴과 페르시아, 아랍과 아프리카의 다양한 문화가 섞인 것이다. 유럽과 오리엔트풍이 적절하게 조화된 오스만 제국의 문화는 유럽인들을 매료시키기에 충분했다. 일부는 이교도의 문화라고 일시적으로 배척되기도 했지만, 새로운 패션과 유행으로 유럽 사회를 강타했다. 향료와 진귀한 상품들은 물론 오렌지, 레몬, 커피, 설탕, 면화 등과 그 재배법이 유럽에 소개되었다. 비잔틴과 소아시아, 무슬림 에스파냐 등지의 의복을 포함한 패션, 일상생활 방식까지 중세 유럽 사회에 깊숙하게 침투했다.

향료는 중동이 서유럽으로 수출한 품목 가운데 주요한 몫을 차지했다. 서유럽이 중동을 우회해 아시아로 향하는 해상로를 개척할 때까지 향료는 오스만 제국의 동부 지중해 교역망을 통해 유럽 시장에 전달되었다. 당시 후추 교역의 경쟁자였던 포르투갈의 방해를 피하는 방법으로 1530년경부터 수마트라섬 북쪽에 있는 아체와 오스만 제국 사이

요즘도 중동 지역의 웬만한 시장에서는 다양한 향료를 볼 수 있다.

에 홍해를 경유한 직접 교역이 성행했다. 물론 아체와 오스만 제국 간의 관계 설정은 같은 무슬림으로서 형제애를 나누려는 종교적 배경이 본질적인 이유였을 것이다. 그러나 중국과의 교역 초기부터 시작된 포르투갈 상인들의 만행과 악의로 가득 찬 편견을 무시할 수 없었다. 이 시기에 아체 술탄국과 오스만 튀르크가 교역 동맹을 형성하고 끈끈한 종교적 연대감을 배경으로 포르투갈에 대항해 공동 전선을 마련한 것은 시사하는 바가 크다.

오스만 제국으로 흘러들어와 유럽으로 향하는 향료는 대부분 동남아시아에서 공급되었다. 이를 위해 16세기 초부터 오스만 제국은 인도양으로 진출하기 위한 해상 원정을 준비했다. 술탄 술레이만의 명령으로 1526년 오스만 함대가, 홍해에서 예멘의 아덴을 거쳐 인도양 진출을 시도한 이후 포르투갈의 인도양 지배에 맞서 오스만 제국은 투자를 집중했다. 무엇보다 1540년 이후 인도네시아의 아체 술탄과의 관계가 개선되면서 동남아시아나 인도의 후추와 다양한 향료가 바스라와 홍해, 시리아의 알레포, 이집트의 알렉산드리아와 카이로를 중심으로 대량으로 흘러들면서 오스만 제국 경제의 중요한 견인차가 되었다. 이 시기에 홍해 항구에 쏟아져 들어온 향료의 양이 2~4만 톤에 이르렀다고 하니 그 규모를 짐작할 수 있다. 오스만이 지중해를 장악하자 포르투갈의 경제력이 약화되었을 뿐만 아니라 유럽에 향료가 대량 유입되었다. 오늘날처럼 냉장고가 발명되기 이전에는 더운 날씨에 음식이 빨리 상했다. 음식, 특히 육류를 보관하기 위해 소금에 절여 염장하거나 채소나 과일로 피클을 만들었다. 또한 맛을 내기 위해 향료나 조미료가 필요했다. 향료가 대량

위쪽 오스만 제국의 수도였던 부르사의 오늘날의 모습.
아래쪽 튀르키예의 이스탄불이나 부르사의 시장에서는 실크 제품을 흔히 볼 수 있다.

유입되면서 유럽 사회의 음식 문화에 획기적인 변화가 일어났다.

대학자이자 토마스 아퀴나스의 스승이기도 한 알베르투스 마그누스[1193~1280]는 1245년 아랍 옷차림을 하고 파리에 도착했다. 당시 아랍 옷차림은 이교도의 상징이나 유행이 아니라, 학자의 품위와 신분을 상징했다. 요즘과는 정반대의 현상이 일어난 것이다. 유럽 지식인 사회에서 무슬림들은 철학자와 동의어로 여겨질 정도였다. 아랍식 의복에 대한 수요가 늘어나면서 수입된 직물에 생산지의 이름을 붙였는데, 그대로 직물의 명칭이 되어 오늘날까지 쓰이고 있다. 모슬린[muslin]은 모술에서, 밸더킨[baldachin, 이탈리아어 baldacco에서 유래]은 바그다드에서, 다마스크[damask]는 다마스커스에서 생산된 직물이다.

지중해 연안 도시를 중심으로 유럽 상류층은 이집트, 시리아, 페르시아, 투르키스탄, 카프카스 지역에서 카펫을, 코르도바와 모로코에서 금박 직물과 채색 가죽 제품을, 알메리아에서 은 수예 섬유를 수입하면서 이슬람 열풍에 휩싸였다. 직물뿐만 아니라 이슬람 세계의 정교한 실내 장식과 아라베스크 무늬가 15세기까지 유럽 건축과 예술 분야에 커다란 영향을 끼쳤다. 특히 튀니지, 모로코를 거쳐 무슬림 에스파냐에서 독특한 형태로 발전한 무데하르 양식은 유럽 고딕 양식에 새로운 장르를 열어 주었다. 무데하르 양식은 아랍과 에스파냐의 예술적 요소를 잘 결합시킨 이베리아 반도의 이슬람 건축 양식이다. 말굽 모양의 아치와 둥근 천장이 특징인데 톨레도, 코르도바, 세비야, 발렌시아 등지의 교회와 궁전 건축물에 널리 사용되었다.

값비싼 오리엔트 실크와 직물은 유럽 상층 문화에 영향을 미쳤다. 초기에 실크는 경제적 이익뿐만 아니라 정치적 의미도 있었기 때문에 제조와 수입을 왕실에서 독점했다. 실크 예복은 종종 주변 국가의 어린 군주들에게 명예의 상징으로 제공되었다. 이런 배경에서 오스만 제국이 실크 산업에 남다른 관심과 국가적 투자를 아끼지 않은 것은 당연한 일이었다. 실크 산업의 중심 도시는 부르사를 중심으로 이스탄불, 알레포, 다마스커스 등이었다. 부르사로 몰려드는 페르시아산 비단은 수를 셀 수 없을 정도였다. 16세기 초에 부르사에만 1,000개 이상의 비단 직조 공장이 가동되었다. 점차 비단의 수요가 늘어나고 직조 기술이 발달하면서 튀르키예까지 확산되어, 1564년에 318개의 비단 직조 공장이 이스탄불에 세워졌다. 부르사는 오늘날도 튀르키예에서 실크와 비단의 중심 도시로 남아있다.

무엇보다 오스만 제국의 튤립이 유럽으로 이식된 것은 경제적으로 큰 의미가 있었다. 튤립은 오스만 제국 황실의 꽃이 되면서 모자이크, 타일, 옷, 장식에 쓰이면서 선풍적인 인기를 끌었다. 그런 튤립의 알뿌리가 이스탄불에 파견되어 있던 비엔나 대사에 의해 1554년 비엔나로 건너갔다. 그 뒤 1591년 네덜란드에서 재배에 성공하면서 대단한 인기 품목이 되었다. 튤립의 가치와 인기는 1634년에서 1637년 사이에 정점에 다다랐는데, 튤립 알뿌리 한 개의 값이 5,200길더로 치솟기도 했다. 오늘날로 치면 억대에 해당하는 고가의 사치품이었다. 그래서 웬만한 부자가 아니면 가지기 어려워, 여러 명이 돈을 모아 튤립 알뿌리 하나를 사고는 했다. 다행히 튤립이 꽃을 피우면 사회적 상징 자본을 얻을 수 있어 명성까지 누릴 수 있었지만, 자칫 꽃을 피우지 못하면 투자는 완전히 물거품이 되어 버렸다.

튤립은 이스탄불에서 유럽으로 건너갔다가 술탄 아흐메트 3세^{재위} 1703~1730 시기, 즉 18세기 초반에 다시 이스탄불로 역수입되었다. 튤립은 경제력과 고급문화의 상징이 되면서 유럽 전역으로 급속히 퍼져 갔다. 그래서 당시 유럽 자본주의를 상징하는 대표적인 상품이 되었다. 오스만 제국이 유럽의 튤립을 수입한 일은 오스만 제국이 서구의 근대화를 받아들이는 상징적 사건이었다. 이 시기를 전후해 유럽풍이 이스탄불 궁정에 크게 유행했다. 서구적인 제도는 물론, 신식 군대를 도입하고, 인쇄와 조세 제도, 사법 제도, 인권 개선 같은 긍정적인 발전이 일어났다. 서구의 근대화를 받아들이는 이 시기를 아이러니하게도 오스만 제국 역사에서 튤립 시대라고 부른다. 또한 튤립은 유럽을 모방해 따라 잡으려는 개혁과 서구화의 상징이 되었다. 그 결과 18세기부터는 앞선 서구의 과학 기술, 특히 무기류와 군사 제도가 광범위하게 소개되었다. 화약 제조술, 조선술, 항해술, 대포, 군사 장비들이 도입되었다. 이어 1726년 활판 인쇄술이 헝가리 출신 인쇄 기술자 이브라힘 뮈테페리카^{1670~1745}에 의해 소개되었고, 아랍어와 페르시아어 고대 오스만 문서들이 출판되었다.

커피 문화의 시작

서구인들은 커피를 이슬람 세계의 포도주라고 말한다. 포도주와 커피 문화의 차이가 서구와 이슬람 세계를 구분하는 가장 분명한 문화 잣대라고 분석하는 인류학자도 있다. 독일의 역사학자 하인리히 E. 야콥[1889~1967]은, "무슬림들이 사물의 특질을 절묘하게 끄집어내고 복잡한 사안에 대해 논쟁을 즐기는 것은, 냉철하면서도 정열적이고, 정열적이면서도 침착한 커피 문화와 같은 맥락"이라고 보았다. 또한 인간의 뇌에 작용하는 커피의 효과와 이슬람 건축을 관련지어 설명했다. 그가 보기에 알함브라에서 바그다드의 웅장한 모스크를 거쳐 인도 타지마할로 연결되는 이슬람 건축의 현란하면서도 기하학적인 결실은, 포도주를 마시는 술꾼들이 결코 이뤄 낼 수 없는 것이었다. 그는 이슬람의 위대한 건축을 커피 문화의 소산이라고 했다.

커피는 이슬람 문화의 꽃이다. '커피'[coffee]는 아랍어 '카흐와'[qahwah]에서 유래했다. 아랍에서 처음 약용으로 마시기 시작했고, 아라비아 남부에서 이슬람을 받아들인 뒤에는 명상을 위한 음료로 대중화되었다. 잠을 쫓는 카페인 성분은 밤 문화 중심인 중동의 환경에 그대로 스며들었고, 상업적 이익이라는 엄청난 매력 때문에 전 세계로 퍼져 나갔다. 유럽을 변화시키고, 세상 사람들을 커피로 빠져들게 했다.

오늘날 커피는 물 다음으로 인류가 많이 마시는 음료이자, 석유 다음으로 거래량이 많은 상품이 되었다. 인류는 매일 30억 잔 가까운 커피를 소비하고, 수천만 명이 커피 산업에 종사한다. 우리나라에서도 커피는 없어서는 안 되는 삶의 필수품이 되었다. 이슬람 세계에서 정착된 커피 문화가 이토록 광범위하게 세상을 바꿀 줄 누구도 짐작하지 못했다.

커피는 무슬림들의 자긍심이고, 신이 내린 선물이다. 만약《꾸란》이 계시될 때 커피가 알려졌다면 틀림없이 대추야자만큼이나 예찬의 대상

이자 예언자 무함마드가 최고로 좋아하는 음료가 되었을 것이다.

커피를 처음 마셨다고 알려진 곳은 아라비아 남부, 예멘의 모카 지방이다. 커피의 원산지는 에티오피아의 카파 지방이라고 알려져 있지만, 동부 아프리카의 뾰족한 곳을 따라 좁은 홍해를 건너면 바로 모카 지방이다. 인간이 커피의 효능을 알고 의도적으로 마시기 시작한 것은, 15세기경 예멘의 이슬람 신비주의자들이나 종교 지도자들이었던 것으로 보인다. 오랜 명상과 기도를 해야 했던 그들에게 커피는 최상의 효과를 가져다주었다.

잠을 쫓고 맑은 정신을 유지하게 도와주는 커피는 그 이점이 알려지면서 이슬람 세계로 계속 전파되었다. 1511년에는 이슬람 최고 성지 메카에서도 커피를 마신 것이 기록으로 확인되었다. 그 뒤 커피는 메카로 몰려든 순례객들을 통해 이집트, 시리아를 중심으로 급속하게 확산되었다. 예멘이 오스만 튀르크의 지배를 받으면서 커피는 이슬람 세계를 넘어 국제화의 길을 걸었다. 커피는 예멘의 특산물로, 오스만 제국의 궁정이 있는 이스탄불로 진상되었다. 그 결과 1554년 세계 최초의 카페인 '차이하네'가 이스탄불에서 문을 열었다. 16세기는 오스만 제국이 가장 활력에 넘치던 시대였으며, 이런 시대를 반영하듯 수도 이스탄불에는 600개가 넘는 카페가 있었다. 화려한 카페 문화가 꽃을 피운 시기였다.

밤의 문화가 화려하게 꽃피었던 이스탄불 궁정에서 커피는 최고의 인기 음료였다. 특권층의 음료이기도 했는데, 특히 밤의 문화에 익숙하지 않은 유럽 외교관들은 잠을 쫓기 위해 커피를 매일 밤마다 마셨다. 그들은 점차 커피 중독자가 되어 갔고, 임기를 마치고 유럽으로 돌아갈 때쯤

인도네시아의 대규모 플랜테이션에서 자라고 있는 자바 커피.

이면 이미 커피 없이는 살아갈 수 없는 상태가 되었다. 오스만 당국이 커피 유출을 금시했지만 외교관들은 외교행랑을 이용해 원두를 본국으로 빼돌렸다. 그 결과 유럽에서도 커피를 마시게 되었다.

　물론 유럽 사람들은 커피 문화가 동방의 삶을 어떻게 바꿨는지 일찍이 그곳을 방문한 유럽 여행가나 학자들을 통해 알고 있었다. 독일 의사 레온하르트 라우볼프[1535~1596]가 1582년에 출간한 《동방 여행》에 커피에 대한 기록이 유럽 최초로 나타난다. 그는 중동 지역을 다녀온 뒤 당시 페르시아인들이 아침 일찍부터 커피를 마시는 풍습을 책에 묘사했는데,

시리아의 상업 도시 알레포에서 아랍인들이 '잉크처럼 검은 음료'인 커피를 마셨다고 소개했다. 같은 시기의 이탈리아 식물학자 프로스퍼 알피누스[1553~1617]의 책에도 당시 아랍과 이집트인들이 커피를 일상적으로 마셨다고 쓰여 있다. 그는 1592년에 발간한 저서를 통해 이집트인들의 기호 식품인 커피를 자세하게 소개했는데, 커피 음료뿐만 아니라 커피나무와 꽃에 대한 정보를 전했다.

오스만 제국의 비엔나 공격 이후 커피를 향한 선망과 호기심은, 드디어 아르메니아 상인이 비엔나에 유럽 최초의 커피하우스를 여는 배경이 되었다. 곧이어 커피는 전 유럽을 강타했다. 1652년에는 영국 런던에 '파스카 로제 커피하우스'가 문을 열었다. 1683년경에는 런던에 3,000개의 커피하우스가 생겨났다. 그 후 유럽 주요 도시에 커피하우스가 문을 열었고, 유럽 상류 사회에 새로운 유행이 시작되었다. 이탈리아 최초의 카페 '플로리안'이 산마르코 광장에 문을 연 것은 1683년이다. 베네치아에는 플로리안 외에도 200개가 넘는 카페가 생겨났다. 플로리안에는 명사들의 발길이 멈추지 않았다. 나폴레옹, 괴테, 니체, 스탕달, 바이런, 릴케, 디킨스, 모네, 마네 등이 플로리안의 단골이었다.

커피는 유럽 지식인 계층과 상류사회를 뒤흔들면서 만남의 매개체이자 신분의 상징이 되었다. 부유한 부르주아들의 사교장인 '카페 클럽'이 만들어진 것도 커피 문화 확산의 결과였다. 카페는 진보적 지식인들이 담론을 나누는 공간이 되면서 새로운 세상을 꿈꾸고 설계하는 혁명의 진원지가 되기도 했다. 좋은 예가 1789년 7월 13일, 파리의 '카페 드 포이'에서 바스티유 감옥을 공격할 계획을 세운 것이다. 이 사건을 계기

대추야자와 아랍 커피.

로 프랑스 대혁명이 일어났다.

그러나 커피가 순조롭게 유럽 사회에 정착한 것은 아니었다. 처음 중세 가톨릭교회는 시커먼 커피를 이교도가 마시던 음료라며 악마의 화신으로 보았다. 커피를 마시는 것을 불경스럽게 여겨 금지했는데, 이를 어긴 수많은 사람이 목숨을 잃거나 불이익을 당했다. 결국 교황 클레멘스 8세가 커피를 마셔 본 뒤, 커피를 기호 식품으로 인정했다. 커피에 세례를 내려 준 셈이었다. 이후 커피는 유럽에서 아무런 종교적 걸림돌 없이 모든 사람들이 즐길 수 있는 음료로 서서히 자리 잡게 되었다.

한때 유럽은 커피 열풍으로 홍역을 치렀다. 커피 원두 공급이 안정적이던 프랑스와 달리 독일은 해외 식민지가 없어 커피를 비싼 값에 들여와야 했고, 결국 국가 경제가 파탄될 위기에 처했다. 이런 상황에서 절대 군주 프리드리히 대왕은 커피 금지령을 내리고 강력하게 커피 소비를 단속했다. 이보다 앞서 영국의 찰스 2세도 커피를 금지하는 정책을 펴기도 했다.

당시에는 오스만 당국이 커피 생산과 유통을 장악하고 있었기 때문에 커피 값이 비쌌다. 유럽이 식민 통치를 하고 있던 인도네시아와 남아메리카는 아랍과 기후가 비슷했다. 유럽은 새로운 지역에서 직접 커피 농사를 짓기로 했다. 인도네시아에 대규모 커피 플랜테이션_{열대와 아열대 지방에}서, 자본가가 현지인의 값싼 노동력을 동원해 쌀·고무·담배 등의 농산물을 대량으로 생산하는 경영 형태이 들어섰다. 남아메리카에도 값싼 노예 노동력을 동원하여 어마어마한 커피 농장이 생겨났다. 브라질은 세계 최대의 커피 생산국이 되었고, 베트남과 인도네시아가 그 뒤를 따르고 있다. 커피의 세계화가 급속히 이루어지면서 지금은 오히려 커피 원산지인 모카커피가 밀리는 상황이 되었다. 식민지에서 값싼 노동력을 동원해 대규모로 커피를 재배하면서 가격이 크게 떨어졌고, 커피 소비의 대중화를 촉진시키는 중요한 전환점이 되었다.

커피가 널리 확산된 데에는 18세기 산업혁명과도 밀접한 관련이 있다. 집을 떠나 직장에서 일하는 노동자가 점점 증가하는 시기였다. 고된 노동으로 피로가 쌓인 유럽의 노동자들은 커피를 마시며 쉬는 것으로 시름을 달래곤 했다. 자본가들 입장에서도 노동자들이 알코올 음료보다 각성제가 들어 있는 커피를 마시는 편이 생산성에 도움이 되므로 적극 환영했다.

아랍에서는 그들만의 아랍식 커피를 마신다. 주둥이가 기다란 청동 커피포트에 담은 커피를 작은 잔에 따라 주는데, 초록 빛깔이 난다. 커피에 향신료를 절묘하게 배합한 뒤 대추야자와 함께 귀한 손님에게 대접한다. 그러나 아랍 커피나 튀르키예 커피는 점차 유럽의 인스턴트 커피나 유명 브랜드 커피에 밀리고 있다. 커피의 종주국인 예멘이나 튀르키예, 아랍 국가에서도 마찬가지다. 웬만한 커피하우스에서는 브랜드 커피의 값이 튀르키예식 커피보다 두 배 이상 비싸다. 사람들의 입맛도 바뀌었다. 그들은 유럽식 커피를 무조건 '네스카페'라고 부른다. 이 브랜드가 가장 먼저 진출해 입맛을 바꿔 놓았기 때문이다. 불행히도 네스카페는 근대화와 엘리트 계층의 상징이 된 반면, 튀르키예 커피는 이슬람과 보수 계층의 상징으로 굳어졌다.

미국이 커피 소비국의 중심이 되면서 커피는 미국 문화의 상징물이 되었다. 미국이 세계 커피 시장의 중심으로 떠오른 데는 보스턴 차 사건이라는 뼈아픈 역사가 있다. 북아메리카의 식민지 주민들은, 영국이 지나치게 세금을 거둬들이는 데 반발해 1773년 12월 16일 보스턴항에 정박한 영국 상선을 습격하고 홍차 상자들을 바다에 던져 버렸다. 이는 미국 독립전쟁의 불씨가 되는 커다란 사건이었다. 미국인들은 차를 식민 통치의 상징으로 생각해 차 대신 커피를 마시게 되었다. 마침 브라질을 중심으로 남아메리카의 값싼 커피가 대량 유입되면서 미국의 화려한 커피 문화 시대가 열렸다. 미국 커피의 중심 도시는 시애틀이다. 마이크로 소프트사와 보잉사를 중심으로 화이트칼라가 주도하는 첨단 산업의 메카 시애틀에서 미국 3대 커피 브랜드인 스타벅스, 시애틀 베스트, 툴리스가 탄생했고, 이제 커피는 세련된 서구 문화의 대명사가 되었다. 그나마 하나의 위안은 아직도 전통과 역사를 이야기할 때 튀르키예 커피가 빠질 수 없는 아랍의 정서로 남아 있다는 점이다.

《쿠쉬나메》, 페르시아 왕자와 신라 공주의 천 년 사랑

7세기 중엽 페르시아 왕자가 신라에 와서 정착한 뒤, 신라 공주와 결혼해 자식까지 낳고 페르시아로 돌아갔다는 이야기를 들어본 적 있는가? 허무맹랑한 이야기가 아니라 고대 페르시아 구전 서사시를 모은 《쿠쉬나메》에 나오는 내용이다. 이 책은 당대의 영웅 이야기를 담고 있다. '쿠쉬나메'는 '쿠쉬의 책'이라는 뜻인데, 쿠쉬는 이 책에 등장하는 주인공 폭군의 이름이다.

《쿠쉬나메》에는 오랫동안 이란 일대에서 구전으로 내려오던 신라에 관한 이야기가 담겨 있는데, 11세기경 중국 종이가 보편화되면서 이란샤 이븐 압달 하이르라는 이란 학자가 채록해 필사했다. 전체가 800여 쪽에 달하는 귀중한 자료인데, 영국 국립도서관에 소장된 것을 필자가 이란 학자들과 함께 오랜 연구 끝에 새롭게 밝혀냈다. 이 책은 약 500쪽 분량에 걸쳐 신라의 기후, 산물, 궁중의례, 음식, 인문 지식 등이 담겨 있어서 한국 고대사 연구에 크게 도움이 될 것으로 기대한다.

650년경 이란의 사산조 페르시아 제국이 아랍에게 멸망당한 후, 페르시아 왕자 피루즈와 왕실 가족들이 중국 당나라에 정치적 망명을 하게 된다. 그러나 651년 중국 당나라와 새로운 아랍 국가가 공식적으로 외교 관계를 수립하자 왕자 일행은 중국을 떠날 수밖에 없었다. 그리하여 이들이 신라로 오게 된 것이다. 아비틴으로 알려진 페르시아 왕자는 신라의 삼국 통일에 크게 기여하고, 프라랑이라는 신라 공주와 결혼했다. 그리고 페리둔이라는 왕자를 낳아 신라 왕이 마련해 준 배를 타고 이란으로 돌아갔다. 그 후손들이 어려운 시기에 자신들을 돌봐 준 외가의 나라, 신라에 대해 기록을 남긴 것이다. 《쿠쉬나메》의 신라 부분은 2014년 1월 우리말로 출판되었고, 필사본 전체도 완역되어 2022년 미국에서 출간되었다.

《쿠쉬나메》 필사본

이슬람 세계의
운명을 가른 전쟁

탈라스 전투, 중국 문명을 만나다

탈라스 전투는, 751년 현재의 키르기스스탄에 있는 탈라스 평원에서 당시 세계의 두 강대국이던 이슬람의 압바스 제국과 중국의 당나라가 맞붙은 고대 최대 규모의 세계대전이다. 7일 밤낮으로 계속된 평원 전투에서, 기습과 매복 전략에 익숙한 이슬람 군대가 뛰어난 무기를 앞세워 대승을 거두었다. 고구려 유민 출신의 고선지 장군이 이끈 당나라 군대는 2만 명이 포로로 잡히는 수모를 당하면서 크게 패했다.

그런데 역설적이게도 문화 교류와 기술 전파는 전쟁을 통해 빠른 시간에 널리 이루어지곤 한다. 특히 탈라스 전투를 통해 중국의 제지 기술이 이슬람으로 전해진 것은 큰 의의를 갖는다. 당나라 군인 2만 명은 포로나 노예가 되어 사마르칸트와 바그다드를 비롯한 압바스 제국의 여러 도시에 흩어져 수용되었다. 그들 가운데는 제지 기술자가 상당수 있었다. 당시 중국의 선진 기술이 필요했던 압바스 제국은 제지 기술자들을 우대하면서 종이 생산에 전념했다.

이슬람 세계는 초기에 이집트에서 생산한 파피루스를 사용하다가 압바스 시대부터는 양피지에 기록을 남겨 왔다. 나무껍질, 아마포, 대나무로 만든 중국 종이는 가볍고 질겼다. 또한 표면이 매끈할 뿐만 아니라 대량 생산이 가능해 이슬람 사회에서 큰 인기를 얻었다.

전쟁 직후인 751년경 중국 종이가 사마르칸트에 소개되었고, 그곳에서 사마르칸트지라는 일종의 면지綿紙가 개발되었다. 사마르칸트지 제조 산업은 날로 번창해 주요 수출품이 되었다. 이후 아랍 각지로 보급되어

사마르칸트지.(NoyanYalcin / Shutterstock.com)

새로운 지식 혁명의 계기를 제공하게 되었다. 종이 수요가 급증하자 아랍 여러 지역에 제지 공장들이 경쟁적으로 생겨났다. 파피루스와 양피지는 더 이상 중국 종이의 경쟁 상대가 되지 못했다. 칼리프 하룬 알라시드 통치 시대인 794년에는 재상 자파르가 호라산 총독인 파즐의 후원으로 바그다드에 대규모 제지 공장을 세웠다. 압바스의 수도인 바그다드에서 종이가 대량 생산되면서 값싼 종이가 이슬람 전역에 퍼져 가게 되었다. 바그다드에 이어 다마스커스, 900년경에는 카이로와 북아프리카의 페즈, 12세기 중엽 이후에는 에스파냐의 발렌시아와 톨레도에서도 종이가 생산 보급되었다.

이제 이슬람 세계는 제지 기술의 발달과 종이의 대량 생산에 성공함으로써 새로운 문예 부흥기를 맞이했다. 종이 품질이 향상되고 가격 또한 내려가 누구나 쉽게 구입할 수 있어 학문과 문학이 크게 발전할 수 있었다. 학자는 물론 일반 서민도 글을 배워 기록을 남기는 경향이 이슬람 세계 전역에 널리 퍼졌다. 아랍의 학문적 르네상스라 불러도 좋을 시기가 시작되었다.

종이를 널리 사용하게 되면서 아랍어나 페르시아어로 기록한 서적 수백만 권과 문서가 현재 중동-아랍 국가의 여러 문서국과 도서관에 보관되어 있다. 이런 기록들은 당시의 학문과 과학을 이해하는 데는 물론 궁정 생활, 사회 구조, 국제 관계를 파악하는 귀중한 1차 자료로 평가받고 있다. 신라와 고려에 관한 수십 종의 기록이 발견된 것도 이런 자료 뭉치들 속에서였다.

한편 유럽은 이슬람 세계에서 종이를 수입해 오다 십자군 전쟁을 거치면서 에스파냐와 시칠리아를 통해 제지 기술을 도입한 뒤 종이를 직접 생산하게 되었다. 1109년 북아프리카에서 인근 시칠리아로 종이가 전해졌고, 이어 이슬람이 지배하던 에스파냐에서 제지 산업이 크게 발달하면서 중세 유럽이 종이 문화를 본격적으로 접하게 되었다. 그러나 1492년 에스파냐의 지배 세력이 이슬람에서 기독교 세력으로 넘어가면서, 무슬림 기술자와 장인들이 대거 이베리아 반도를 떠나 버렸다. 그 뒤 종이의 생산량과 품질이 떨어졌다. 그럼에도 우수한 문화 발전의 산실이던 이베리아 반도에서 축적된 이슬람 과학과 문명의 결실들이 종이에 기록되고 라틴어로 번역되었다. 이는 훗날 유럽 르네상스가 성숙하는 데 크게 기여할 수 있었다.

아랍이 중국에서 받아들여 십자군 전쟁 이후 유럽에 전해 준 많은 문화 가운데 풍차의 원리도 있다. 풍차는 원래 페르시아에서 중국에 전해진 뒤 개발되어 아랍을 통해 유럽에 소개되었고, 1880년대까지 널리 이용되었다.

중국의 청자는 이슬람 세계의 왕족과 고위 관료층의 식기로 사용되었다. 특수한 청자 식기가 음식의 독극물을 쉽게 판별할 수 있었기 때문이다. 이외에도 칠기, 차, 공예 기술, 비단과 직조 기술 등이 서아시아와 이슬람 세계에 전해졌다. 탈라스 전쟁 포로 가운데 제지 기술자와 함께 금은 세공사와 직물공, 화가들도 압바스 치하에서 활동했다.

탈라스 전쟁을 계기로 이슬람 종교와 문화 또한 중국 사회에 널리 인식되었다. 고선지 아래에 있던 장수 두환은 압바스 제국의 쿠파^{바그다드 근교}에서 12년간 포로로 억류되었다가 중국으로 귀환했다. 그곳에서 보고 들은 것을 《경행기》에 묶었는데, 원문은 전해오지 않지만 당나라 정치가 두우의 《통전》에 그 내용 일부가 인용되어 있다. 《경행기》에는 아랍의 풍습, 지리, 특히 이슬람 종교의 원리와 신앙 체계가 자세하게 기록되어 있다고 한다. 이 책은 이슬람에 관한 중국 최초의 저술로 평가받고 있다. 아랍의 풍습과 종교 생활을 《경행기》는 다음과 같이 전한다.

> 대식^{아랍국을 말한다.}은 일명 아구라^{亞俱羅 : Ya-chu-lo}라고 불린다. 왕은
> 무민^{Mumin}이라고 부르고 수도는 쿠파다. 그들은 기골이 장대하고, 의상을
> 정결히 한다. 여인이 문 밖 출입을 할 때는 베일로 얼굴을 가린다. 귀천을
> 따지지 않고 매일 다섯 차례 하늘에 예를 올린다. 금식을 하고, 음주가무를

즐기지 않는다. 남자는 은대銀帶를 차고 은도銀刀를 지니고 있다. 수만 명을 수용하는 예배당이 있다. 일곱째 날, 왕이 예배를 주도하고 설교대에 올라 다음과 같은 설법을 행한다.

"인생은 유한하고, 하늘의 도는 바꿀 수 없다. 선을 행하고, 거짓과 절도, 기만으로부터 자신을 지키라. 살인은 대역죄이다. 그러나 전쟁에 나가 적을 무찌르고 전사하는 자는 큰 보상을 받으리라."

《경행기》는 현지 체험을 바탕으로 쓴 내용이라 비교적 정확하고, 이후 중국 문헌의 이슬람과 대식에 관한 서술의 토대가 되었다는 점에서도 의의가 크다.

탈라스 전투는 13세기 몽골 제국이 건설되어 동서 문화 교류가 속도를 더하기 전까지, 서아시아 이슬람 문화와 동아시아 유교, 불교문화의 상호 교류를 가져왔다. 이 전투는 아시아 대륙에서 발생한 가장 극적이고 역사적인 사건이었다. 공간적으로 멀리 떨어져 있음에도 동아시아 문화와 아랍-이슬람 문화가 자연스럽게 접촉할 수 있게 했기 때문이다. 서로 다른 두 문화권이 적극적으로 교류한 결과 문화 발전에 획기적인 전기가 마련되었다.

십자군 전쟁의 시작, 말라즈기르트 전투

성전聖戰으로 일컬어지는 십자군 전쟁은 오늘날 서구와 아랍 세계의 갈등

튀르키예 구급차.

과 불화를 이해하는 역사의 창窓이다. 기독교 입장에서 이 전쟁은 승승장구하는 이슬람 세력을 꺾고 한때나마 예루살렘을 회복한 성스러운 사건이었다. 그러나 힘의 우위를 지켜 오던 이슬람 입장에서는 치욕적으로 유린당한 역사상 가장 참혹했던 전쟁이다. 종교의 이름으로 잔혹한 살육과 약탈, 문화유산 파괴라는 기억하고 싶지 않은 악몽이 벌어졌다. 그래서 오늘날 이슬람 세계의 구급차와 병원, 약국에는 십자가 대신 초승달이 생명과 구호의 상징으로 쓰인다.

십자군 전쟁의 명분이자 배경이 된 사건은 1071년 말라즈기르트비잔틴 지명으로는 만지케르트 전투였다. 이슬람 왕조였던 셀주크 튀르크가 비잔틴 제국의 영역을 점령한 사건이다. 이로써 이슬람 세계와 유럽 기독교 세계가 바로 국경을 맞대게 되었고, 오랫동안 이슬람 손아귀에 있던 예루살렘으로 가는 기독교인들의 순례는 곤경에 빠지게 되었다. 십자군 전쟁의 명분으로서는 더 없이 좋은 정치적 상황이 된 셈이다.

11세기 중반은 세계사에서도 커다란 변화가 일어난 시기였다. 이슬람 세계 안에서는 압바스 제국이 약해지는 조짐이 뚜렷하게 나타났고, 이슬람이라는 용광로에 한 형제로 녹아 있던 중앙아시아 유목민 출신의 용병 군벌 세력의 힘이 두드러지게 커졌다. 그중에서도 튀르크계의 강력한 국가였던 셀주크 튀르크는 이미 압바스 왕조의 칼리프를 통제하면서 비잔틴 제국의 영토로 급속하게 세력을 확대해 가고 있었다. 그리고 1071년 드디어 지금의 아나톨리아 반도의 동쪽 요충지인 반 호수까지 진출했다. 당시 이 지역은 비잔틴 제국의 영토였다.

셀주크의 술탄 알프 아르슬란1029~1072은 1070년에 직접 원정을 감행해 말라즈기르트를 거쳐 우르파를 점령하고, 이듬해 유프라테스 강을 건너 알레포를 점령했다. 양국 군대가 말라즈기르트에서 숙명적 격돌을 준비하고 있을 때, 알프 아르슬란은 비잔틴 황제에게 사절을 보내 평화 협상을 제의했다. 아직 그들의 실체를 세대로 파악하지 못한 비잔틴 황제는 평화 협상을 거절했고, 전투를 피할 수 없게 되었다. 1071년 8월 26일 말라즈기르트에서 대전투가 벌어졌다. 비잔틴 군대는 수적으로 우세했지만 매복과 기습 작전을 구사하는 셀주크군의 상대가 되지 못했다. 셀주크의 술탄은 생포된 비잔틴 황제를 처형하는 대신 강화 조약을 체결했다. 조약에는 비잔틴에서 해마다 공물을 바치고 아나톨리아 일부 지역을 셀주크에 양도하며, 전쟁 포로를 석방하는 내용이 들어 있었다.

셀주크의 승리가 주는 의미는 튀르크 민족사에서 매우 중요하다. 우선 튀르크족의 역사가 아나톨리아에서 새롭게 시작되어 오늘날 튀르키예 공화국으로 이어질 수 있었다. 그리고 비잔틴의 핵심 지역이 이슬람 문화권에 속하게 됨으로써 이슬람 세력의 약진과 발전의 계기가 되었다.

비잔틴 제국이 완패하면서 아나톨리아 반도는 영원히 튀르키예의 차지가 되었다. 이 여세를 몰아 셀주크 튀르크는 예루살렘까지 진격해 유럽 기독교 세계의 공포를 더욱 커지게 했다. 이는 유럽 교황청에서 성지 탈환을 주장하며 십자군 전쟁을 독려하는 빌미가 되었다.

결국 셀주크 세력이 급속하게 팽창해 비잔틴 제국의 수도 콘스탄티노플이 협공을 받는 아찔한 상황이 벌어졌다. 비잔틴 황제 알렉시우스 콤네누스재위 1081~1118는 로마 교황 우르바누스1048~1118에게 동서교회의 협력과 구원을 요청했다. 당시 막강한 권위를 자랑하던 교황은 비잔틴을 장악해 분리되어 있던 동서교회의 실질적인 수장이 되겠다는 생각과 소아시아 영토에 대한 욕심 때문에 성전을 결심했다. 1054년 공식적으로 분열된 비잔틴 제국의 동방정교회를 로마 가톨릭 교회 아래 흡수 통합시키고 교황권을 확대하려는 의도가 짙게 깔려 있었다. 더구나 당시 서유럽의 상속 제도에 따르면 장남을 제외한 아들들은 토지 상속권을 얻지 못했기 때문에 영주들과 장남 이외의 자식들은 미지의 땅에 대한 욕구가 강했다. 나아가 세력이 커진 도시 상인들도 동방 시장을 개척해 값비싼 물자를 공급받고 싶은 마음이 컸다. 이처럼 종교적인 측면과 경제적인 이해관계가 맞물려 십자군 원정으로 이어지게 되었다.

예루살렘은 638년 이슬람의 3대 칼리프인 우마르에게 정복당한 뒤,

당시까지 완전한 이슬람 세력 아래 있었다. 예루살렘은 이슬람인들에게도 포기할 수 없는 성지였다. 예루살렘은 이슬람을 완성한 예언자 무함마드가 하늘로 올라간 곳으로, 메카와 메디나에 이어 이슬람 제3의 성지였다. 초기 이슬람교도들은 메카가 아닌 예루살렘을 향해 기도를 드릴 정도였다. 그동안 기독교 유럽 사회나 비잔틴 제국 모두 예루살렘이 이슬람의 통치를 받는 상황을 당연하게 받아들였다. 물론 기독교인들의 순례는 보호되었고, 해마다 그 숫자는 늘어났다. 기독교 순례자들이 박해받는다는 종교적 호소는 다분히 정략적인 발상이었다. 십자군 원정의 진짜 속셈은 셀주크 튀르크가 지배하고 있는 소아시아와 오리엔트 지역의 영토를 차지하고 물자를 약탈하려는 정치적이고 경제적인 동기였다.

실제로 십자군이 예루살렘에 도착해 성지 탈환 흉내를 낸 것은 1차와 5차 전쟁뿐이었다. 십자군 병사들은 3년간 안티오크를 점령하고 여러 곳에 자그만 국가를 세웠다가 한참 만에 예루살렘에 입성했다. 1099년 7월 15일, 그들은 40일간의 포위 끝에 성지 예루살렘을 차지할 수 있었다. 예루살렘을 차지한 십자군 병사들은 무슬림과 유대인을 닥치는 대로 학살했다. 도망가지 못하고 성안에 남아 있던 무슬림과 유대인은 누구도 살아남지 못했다. 이슬람 사원은 불타고 철저히 파괴되었다. 이것이 1차 십자군 원정의 실상이었다. 십자군은 물자 보급이 제대로 이루어지지 않아 모든 것을 자체적으로 해결해야 했다. 그래서 예루살렘으로 향하는 원정길에 있던 기독교 마을들이 방화와 약탈의 대상이 되었다. 십자군은 곡식을 빼앗고 저항하는 주민들을 마구 죽였다. 어린아이들도 예외가 아니었다. 더욱이 교황은 모든 십자군 병사에게 죄를 사해 주고 상

시리아 다마스커스의 우마이야 모스크 옆에 있는 살라딘의 묘.

당한 전리품을 약속했기 때문에, 그들의 행동에는 거침이 없었다. 정예
병사가 아닌 훈련을 받지 않은 농민들과 온갖 불량배까지 출정했다.

　1187년, 아랍의 장군 살라딘1138~1193이 예루살렘을 되찾았다. 예루살
렘은 다시 이슬람 군대의 지배를 받게 되었다. 1차 전쟁 때의 참혹한 학
살을 기억하는 예루살렘의 기독교인들은 목숨을 포기했다. 그러나 예루
살렘으로 진격한 살라딘 장군은 성안에 있는 사람들을 털끝 하나 건드
리지 않고 살려 주었다. 일정한 세금을 내는 조건으로, 원하는 기독교인
들은 자신들의 재산을 갖고 성 밖으로 자유롭게 빠져나갈 수 있게 해 주
었다. 당시 상황에서는 상상하기 어려운 관용이었다. 오늘날 살라딘 장
군이 이슬람 세계보다는 유럽 기독교 세계에서 더 칭송받고 기억되는 배

경이다. 살라딘의 행동은 이슬람 전쟁 수칙으로 보면 지극히 당연했기 때문에, 이슬람 세계에서 살라딘이라는 존재는 서구만큼 크게 부각되지는 않았다. 참으로 재미있는 역설이다.

기독교 세계를 유린한 십자군 전쟁은 4차 전쟁 때 절정에 달했다. 1204년 4월 13일, 십자군이 동방기독교의 총본산인 콘스탄티노플을 점령했다. 4차 십자군 원정대의 주된 목적은 예루살렘이 아니라 부유한 콘스탄티노플의 재화였다. 십자군 원정대는 베네치아 상인들의 선동으로 비잔틴 제국의 왕권 경쟁에서 밀려난 변절자 알렉시우스 4세[1182~1204]와 짜고 콘스탄티노플을 공략했다. 왕위에 앉는 것을 조건으로 알렉시우스 4세는 십자군 측에 거액과 그리스 정교를 로마에 복속하는 굴욕적인 교회 통합을 약속했다. 이에 앞서 예루살렘으로 가기 위해 베네치아에 집결했던 십자군들은 항해 비용을 조달한다는 명분으로 뱃머리를 돌려 같은 기독교 국가이며 십자군에 동참한 헝가리를 먼저 공격했다. 1202년 헝가리의 자라 시를 습격하면서 십자군 원정의 속셈이 드러났고, 십자군 전쟁은 전혀 다른 방향으로 흘러가게 되었다. 두 번째 야욕의 대상은 콘스탄티노플이었다.

십자군의 도움으로 왕위에 오른 알렉시우스 4세는 재화와 교회를 통째로 바치겠다던 당초의 약속을 지킬 수 없었고, 1204년 결국 비참한 최후를 맞았다. 그러자 십자군 병사들은 직접 콘스탄티노플로 공격해 라틴 제국을 세웠다. 잔혹한 학살과 철저한 약탈이 따랐다. 1차 대상은 성 소피아 성당이었다. 모든 성화와 성물은 부서지거나 약탈당했고, 저항하는 성직자들은 교회 안에서 무자비하게 살해되었다. 수녀들과 여인들은 성스러운 제단 앞에서 겁탈당하는 치욕을 당했다. 4차 십자군 전쟁을 수행한 비잔틴 역사가가 "세계가 창조된 이래 그처럼 어마어마한 전리품을 한 도시에서 얻은 적은 없었다."라고 얘기할 정도였다. 그리고 성 소피아 성당은 매춘굴과 마구간으로 사용되었다. 그래서 250년이 지난 1453년에 콘스탄티노플이 함락되기 직전, 로마 가톨릭을 받아들이는 조건으로 교황이 십자군 원군 파견을 제의했을 때 비잔틴 주민들은 이를 단호히 거부했다. 터번을 둘러쓴 이교도의 지배를 받는 한이 있더라도 비굴하게 교황청의 도움을 받지 않겠다는 것이었다. 이 4차 십자군 전쟁에서 빼앗은 비잔틴 제국의 유물과 서적들은 당시 암흑시대를 보내고 있던 중세에 큰 자극이 되어, 훗날 르네상스 운동에 영향을 주었다. 2001년 그리스를 방문한 교황 요한 바오로 2세는 과거 십자군에 의한 침략과 학살, 약탈 행위에 대해 정식으로 사과했다.

십자군 전쟁은 추악한 전쟁이었다. 원정에 나선 십자군의 살육과 약탈 대상은 유대인이나 무슬림 같은 이교도뿐만 아니라 같은 기독교인도 예외가 아니었다. 이슬람이 예루살렘을 탈환했을 때, 그곳 기독교인의 생명을 보호한 정책과는 무척이나 대조적이다. 나아가 십자군이 소아시아에 일시적으로 건설했던 국가에서 토착 기독교인들은 이교도가 통치하던 시대보다 훨씬 가혹한 수탈과 차별을 경험했다.

십자군 전쟁은 문화적으로 낙후한 서유럽이 동방의 앞선 문물을 받아들이고 동방과의 무역을 본격적으로 시작하는 결정적 계기가 되었다. 십자군 전쟁을 통해 동방의 옷감과 채소, 과일, 음식 재료, 향료가 서유럽으로 전파되었다. 이러한 상품을 구하려는 유럽인의 욕구는 활발한 국제 교역을 이끌어 훗날 유럽의 대항해 시대가 시작되는 토대가 되었다. 십자군 전쟁은 암흑의 시기를 보내고 있던 중세 유럽이 이슬람 세계의 우수성과 삶의 풍요로움을 두루 목격한 사건이었다. 단순히 물자를 약탈하고 얻는 수준을 넘어 앞선 문화와 생산 기술, 문명적 혜택을 흡수하는 결정적 계기가 되었다.

무엇보다 이탈리아의 지중해 도시국가들이 십자군 원정을 통해 경제적, 정치적으로 혜택을 많이 받았다. 베네치아, 제노바, 피사 같은 도시국가들이 십자군 전쟁 과정에서 무기와 식료품을 십자군에 빌려 주는 조건으로 안티오크, 베이루트, 트리폴리, 예루살렘, 키프로스, 알레포, 콘스탄티노플, 이집트, 북아프리카의 다양한 무역 거점을 장악할 수 있었기 때문이다. 이들 이탈리아 도시국가들은 동방과의 무역을 독점했다. 유럽 시장에 동방의 진귀한 물품들을 공급하면서 크게 번성할 수 있었다. 베네치아와 제노바 같은 도시국가들이 축적한 부는 이탈리아 경제의 견인차 역할을 했으며, 훗날 르네상스 시대를 이끄는 물적 기반이 되었다.

그러나 십자군 원정의 실패로 교황권이 크게 위축되면서 중세 기독교 세계는 근원적인 변화를 맞았다. 교황을 중심으로 하던 정치적 통합 체제가 허물어지기 시작했고, 독자적인 지역 왕권들이 서서히 새로운 지위를 차지하게 되었다. 바야흐로 중세는 절대적이던 교황의 권력이 해체되고 왕권 중심의 민족국가가 탄생하는 새로운 국면을 맞이했다.

콘스탄티노플 함락, 중세를 끝내다

이탈리아 화가 젠틸레 벨리니가 1479년에 그린 메흐메트 2세 초상화.(위키피디아)

1453년 5월 29일 화요일은 인류가 중세를 접고 근대를 여는 날이었다. 그날 새벽 1시, 오스만 제국의 술탄 메흐메트 2세는 콘스탄티노플 성벽을 향해 총공세를 시작했다. 48일 동안 밤낮으로 결사 항전하며 버티던 비잔틴 제국의 마지막 황제 콘스탄티누스 11세는, 더 이상 제국을 지킬 수 없다는 것을 알고 있었다. 1128년을 지탱해 온 제국과 운명을 함께하기로 한 황제는 성안의 시민들과 함께 최후까지 장렬하게 저항했다. 병력은 그리스인 4,983명, 외국군 2,000명 남짓이 전부였다. 7,000명도 되지 않는 병력으로, 메흐메트 2세가 직접 지휘하는 오스만 제국의 정예군 10만 명을 상대하기는 애초부터 불가능했다.

날이 밝기도 전에 토프카프 쪽의 성벽이 뚫렸다. 물밀듯이 오스만군이 들이닥쳤다. 위대한 콘스탄티노플은 맥없이 무너졌다. 마지막 황제 콘스탄티누스 11세는 행적을 감추었다. 시민들 사이에서 최후까지 싸우다 전사한 것으로 보인다. 시민들이 황제를 빼앗기지 않기 위해 시신을 어디에 묻었는지 알리지 않아 아직까지 수수께끼로 남아 있다.

메흐메트 2세의 정치적 지상 과제는, 선왕들의 유업이기도 한 비잔틴을 점령하고 세계 국가를 건설하는 것이었다. 유럽으로 진출하기 위해, 또 비잔틴 제국과 서유럽 국가가 군사적으로 연계하는 것을 막기 위해 비잔틴 제국이라는 걸림돌을 제거해야 했다. 특히 동방 무역의 이익을 독점한 오스만 제국이 지중해와 유럽으로 향하는 교역로를 확보하기 위해서도 콘스탄티노플을 점령하는 것은 필수였다. 여기에 덧붙여 종교적인 배경도 있었다. 이슬람교의 예언자 무함마드의 언행록인 《하디스》에 콘스탄티노플 점령을 당부한 가르침이 있었기 때문이다. 그때까지 일곱 차례에 걸쳐 아랍인들이 콘스탄티노플을 점령하기 위해 전쟁에 나섰으나 번번이 실패했다. 이처럼 비잔틴 정복은 무슬림들의 오랜 염원을 이루고 사명을 완수하는 영광의 의미도 갖고 있었다.

점령 준비에 착수한 메흐메트 2세는 수도인 에디르네를 출발해 1453년 4월 5일 콘스탄티노플 성문에 도착했다. 술탄은 이슬람 전통에 따라 마흐무드 파샤를 비잔틴 황제에게 보내 유혈 충돌 없는 항복을 요구했다. 그러나 황제가 요구를 거부하자, 대포를 쏘며 공격을 퍼부었다.

한편 해상에서도 오스만 함대가 보스포러스를 따라 콘스탄티노플에 위치한 만인 골든혼에 진입을 시도했다. 골든혼을 돌파하기 어렵자, 술탄은 밤사이에 전함 67척을 육지로 옮겼다. 배 밑에 기름을 친 둥근 목재를 깔아 언덕을 넘어 골든혼 안쪽에 함대를 진입시켜 입구를 우회하는 기묘한 전술을 밤중에 구사한 것이다.

육해군 합동 공격으로 5월 29일 토프카프 성벽이 무너지면서 콘스탄티노플은 일시에 점령되었다. 메흐메트 2세가 곧바로 비잔틴 제국의 상징인 성 소피아 성당에서 이슬람 의식을 행함으로써, 비잔틴 제국의 공식적인 멸망을 선언했다. 메흐메트 2세는 뒷날 정복자를 뜻하는 '파티'라는 칭호를 얻었다.

점령된 콘스탄티노플은 오스만 군대의 전통에 따라 사흘 동안 약탈이 허용되었다. 사흘째 되던 날 메흐메트 2세가 무질서를 바로잡으며 비잔틴 시민의 생명과 종교의 자유를 보장한다고 공표했다. 이후 조세 제도를 확립해 비잔틴 장인들과 무역상들의 이익을 보장해 주었고, 밀레트 제도를 통해 종교와 문화의 다양성을 인정해 주었다.

오스만 제국은 콘스탄티노플을 점령한 뒤 이스탄불로 이름을 바꾸고, 제국의 수도로 삼았다. 이는 오스만 제국의 역사뿐만 아니라 세계 역사에서도 한 획을 긋는 큰 사건이었다. 흔히 서유럽인들이 종교적 적대 관계에서 과소평가해 온 것과는 달리, 동방은 수준 높은 독특한 문화권을 형성하고 서유럽에 영향을 끼쳤다. 이제 유럽은 오스만 제국이라는 동방 문화권과 직접 접촉함으로써 동방의 새로운 기운과 문명을 빠르게 받아들이게 되었다. 이 때문에 곧바로 르네상스가 시작되었을 뿐만 아니라 '지리상의 발견'이라는 유럽인의 대항해 시대가 오게 되었다.

콘스탄티노플 함락으로 세계사는 중세가 막을 내리고, 근대로 나아가게 되었다. 오스만 제국 내부에서는 정통 튀르크 기득권층이 무너지고, 정예 부대인 예니체리가 주축을 이룬 데브쉬르메^{기독교 소년들을 개종시켜 양성한 술탄 최측근 근위 조직} 출신이 권력을 장악하는 정치적 변화가 있었다. 제국으로 성장한 오스만의 술탄 메흐메트 2세는 이슬람 세계에서 가장 강력한 지도자로 떠올랐다. 당시 이슬람 세계의 실력자인 이집트 맘루크 왕조의 술탄이 오스만 술탄에게 축하 사절을 파견하기도 했다. 한편 유럽에서는 교황을 중심으로 콘스탄티노플을 회복하기 위해 십자군을 다시 결성하자는 논의가 있었다. 그러나 로마 가톨릭의 콘스탄티노플 정교에 대한 적대감과 유럽 각국의 내부 투쟁 때문에 결실을 맺지 못했다.

이슬람 현대사 100년

이슬람 세계는 현대사 100년 동안 커다란 소용돌이를 경험했다. 그 기간은 근대화를 위한 노력과 함께 새로운 정체성을 찾아간 시기이기도 하지만, 한때 자신들이 지배했던 서구에게 침탈당하면서 억눌린 좌절과 저항의 역사이기도 하다. 그 중심에는 역시 팔레스타인 문제가 있었다. 제1차 세계대전이 마무리되고 1920년경부터 1980년대 말까지 70여 년 동안 이스라엘 건국1948년과 네 차례의 중동 전쟁을 통해 세계는 줄곧 팔레스타인 분쟁에 휘말렸다.

　19세기까지 중동 지역 대부분은 오스만 제국의 통치 아래 있었다. 제1차 세계대전이 일어나자 오스만 제국은 독일과 오스트리아와 동맹을 맺어 영국과 프랑스에 맞섰다. 인도에서 오는 전쟁 물자를 막아 생명선을 위협하는 오스만 제국을 꺾기 위해 영국은 비상수단을 강구했다. 결국 아랍 민족을 회유해 이슬람 종교를 배반하고, 같은 형제인 오스만 제국의 등에 칼을 꽂게 만드는 데 성공했다. 서구 기독교를 향해 지하드성전를 선포한 아랍으로서는 알라를 배반하는 것이 결코 쉬운 일이 아니었다. 그 대가로 영국은 '후세인-맥마흔 서한'으로 알려진 비밀협정1915년으로 전쟁 후 팔레스타인을 포함한 아랍 국가의 독립을 보장해 주었다. 이에 따라 아랍 민족들은 얼마 전까지 지하드의 대상이던 영국을 위해 형제 나라인 오스만 제국에 맞서 싸웠다. 조국의 독립을 위해 종교적 신념마저 버리는 운명적 선택을 했지만, 영국은 약속을 지키지 않았다.

영국과 프랑스는 사이크스-피코 비밀협정으로 영국의 팔레스타인 지배를 합의했고, 급기야 2,000년간 아랍인들이 살아온 땅을 유대인에게 넘겨 버렸다. 중동 근대사의 가장 아이러니한 지각 변동의 서곡이었다. 종교적 신념을 버린 결과는 처참했다. 아랍 민족들은 팔레스타인의 독립은커녕 그 땅에 이스라엘이 들어서는 모습을 지켜봐야 했다.

1948년, 유럽에 버림받았던 유대 민족들은 미국 트루먼 정부의 전폭적인 지지로 이스라엘을 건국했다. 이집트를 중심으로 아랍 민족들은 힘을 합쳐 이스라엘에 대항했지만 미국과 영국이 버티고 있는 상황에서는 역부족이었다. 그들은 1948년, 1956년, 1967년, 1973년 네 차례의 중동 전쟁 패배를 통해 역사적 상처를 입었다. 이뿐만 아니라 유대인의 오랜 협력과 신뢰의 벽도 무너져 버렸다. 1979년은 이슬람 세계도 커다란 변곡점을 맞는 시기였다. 석유로 막대한 부를 축적한 이란에서 민중 혁명이 일어난 것이다. 부패한 팔레비 왕조가 무너지고 이슬람의 율법을 강조하는 이란 공화국이 탄생했다. 한편 석유라는 엄청난 국익이 위협을 당하는 상황이기도 했다. 미국은 친미 국가였던 이라크를 부추겨 전쟁을 일으켰다. 1980년부터 1988년까지 무려 8년간이나 이란-이라크 전쟁이 이어졌다. 결국 승자도 패자도 없이 끝난 이슬람 형제끼리의 전쟁은 향후 중동을 찢어 놓는 결정적 계기가 되었다.

1990년대는 중동-이슬람 세계가 새로운 전기를 맞이한 시기였다. 구소련이 무너지면서 중앙아시아의 많은 이슬람 국가가 독립을 쟁취했다. 우즈베키스탄, 카자흐스탄, 키르기스스탄, 타지키스탄, 투르크메니스탄, 아제르바이잔 등이 새로운 이슬람 국가가 되었다. 그러나 체첸만은 예외였다. 러시아는 석유 자본과 전략적 요충지를 잃지 않으려고 체첸의 독립을 인정하지 않고, 군대를 파병해 독립의 꿈을 짓밟고 있다. 무슨 수를 써서라도 독립을 쟁취하고 말겠다는 체첸 민족의 처절한 저항과 투쟁이 지금도 이어지고 있다.

1993년 노르웨이 오슬로에서 이스라엘과 팔레스타인 사이에 평화협정이 체결되었다. 양측이 함께 살기로 약속하고 '땅'과 '평화'를 교환하기로 한 것이다. 이스라엘이 불법으로 점령하고 있는 아랍 영토 일부에 이스라엘 건국으로 오갈 데 없는 팔레스타인 사람들을 위한 거주 공간을 마련해, 궁극적으로는 독립 국가를 인정해 주자는 취지였다. 동시에 팔레스타인은 이스라엘을 국가로 인성하고 공존하면서 평화로운 이웃으로 살아가겠다는 것이었다. 전 세계는 박수를 보냈고, 평화 협상의 주인공인 이차크 라빈 이스라엘 총리와 팔레스타인 지도자 야세르 아라파트는 노벨 평화상을 받았다.

그러나 걸프 해역에서는 이라크가 이웃의 형제 국가인 쿠웨이트를 침공해 점령하는 사태가 일어났다. 아랍 국가들끼리 전쟁을 하면서 이슬람 세계는 다시 한 번 깊은 좌절과 상처를 안게 되었다. 쿠웨이트의 요청으로 미국과 다국적군이 이라크와 걸프전쟁을 치렀다. 서방 군대가 아랍 문제에 군사적으로 개입할 수 있는 명분과 전례를 아랍 스스로 만들고 말았다.

설상가상으로 이스라엘에 강경 보수 정치 세력들이 등장하면서 오슬로 평화협정문은 휴지 조각이 되어 버렸다. 아랍 민중과 이슬람 세계는 마지막 생존 카드마저 잃어 버렸다. 이스라엘과 그의 일방적 후원자인 미국에 대한 그들의 반감과 불신은 더욱 깊어졌다. 알카에다나 IS 같은 이슬람 급진 세력이 명분을 다시 갖게 되는 계기가 된 것이다. 서방 세계, 특히 미국이 이스라엘을 두둔하고 무고한 팔레스타인 시민들에게 무차별 폭격을 해도 일관되게 방관하는 태도는 이슬람 급진 세력들을 극단적인 반미-반이스라엘로 몰아갔다. 그러나 최근 들어서는 주요 아랍 국가들이 이스라엘과 전격적으로 수교하고 경제-군사 동맹을 강화해 가는 추세다. 이에 다라 팔레스타인 문제도 해결되지 않은 상태로 덮혀 버릴 가능성이 커졌다. 결국 국가의 안전과 미래는 누구도 대신 지켜 줄 수 없다는 역사의 처절한 교훈을 되새기게 된다.

팔레스타인 분쟁의 핵심

지금 팔레스타인의 아랍인들은, 1948년 미국이 주도해 들어선 이스라엘을 무너뜨리겠다고 주장하는 것이 아니다. 또한 2,000년 동안 살아온 자신들의 땅을 돌려 달라거나 배상하라는 것도 아니다. 이스라엘을 국가로 인정하고, 상호 불가침을 약속해 함께 살아가자는 것이다. 그 기준은 국제법이 정한 원칙과 서로 합의한 약속이다.

영토 분쟁의 핵심은 이스라엘의 침략과 점령이다. 1967년 6일 전쟁(제3차 아랍-이스라엘 전쟁)을 통해 이스라엘은 자국 영토를 넘어 이웃 아랍 영토를 침략하고 강제로 점령하고 있다. 1967년 11월 22일 유엔 안전보장이사회는 결의안 242조를 통해 이스라엘에게 가자 지구, 웨스트뱅크, 골란고원, 시나이 반도 등 아랍 점령지에서 즉각 철수하고 영토를 반환하라고 촉구했다. 이 중 불모의 땅 시나이 반도만이 1978년 9월 17일 캠프 데이비드 협정을 통해 이집트에 반환되었을 뿐이다. 나머지 아랍 영토는 아직도 유엔 결의안을 무시한 채 40년 가까이 이스라엘이 강제로 점령하고 있다. 더 나아가 조직적으로 유대인 정착촌을 건설해 영토를 영구화하려고 하고 있다.

1993년 맺은 오슬로 평화협정은 이스라엘 당국이 서명한 가장 포괄적인 평화안이었다. '땅과 평화의 교환'으로 알려진 이 협정에서 팔레스타인 해방기구(PLO)를 중심으로 모인 온건 팔레스타인인들은 이스라엘의 존재를 인정하고 상호 불가침을 보장하는 대가로,

이스라엘이 국제법상 돌려주게 되어 있는 아랍 점령지 일부에 국가를 건설하는 것을 보장받았다. 이는 이스라엘 건국으로 오갈 데 없어진 500만 팔레스타인 난민들을 위한 최소한의 자치 공간을 마련해 주고 장기적으로 팔레스타인인들의 독립을 인정해 주자는 것이었다.

그러나 하마스를 비롯한 이슬람 강경 세력과 50년 가까이 난민 생활을 하며 가족과 친지를 잃은 많은 팔레스타인 민중은 이스라엘을 면죄하고 그들 아래에서 살아가기를 강요당하는 현실을 받아들이기가 쉽지 않았다. 그들은 완전한 자유와 원상회복을 외치며 저항했다. 하지만 힘의 열세에 놓인 그들의 지도자는 이스라엘군과 정보 당국의 공개적인 표적 테러로 차례로 목숨을 잃었다.

1988년에는 이스라엘 점령지에 있는 팔레스타인인들이 자치와 자유를 외치며 민중 봉기(인티파다)를 시작했지만, 이스라엘의 무차별 사격으로 진압당했다. 하마스가 결성된 것도 그때였고, 그때부터 이스라엘군을 향한 격렬한 무장 저항이 시작되었다.

2000년 이후 오슬로 평화협정마저 이스라엘 극우파인 샤론 정권에 의해 유린당하고 팔레스타인 독립의 꿈이 위협받자, 팔레스타인인들은 자살 폭탄 테러로 이스라엘에 대항했다. 이 과정에서 미국은 다시 한 번 이스라엘의 후원자로, 학살의 방관자로 일관했다. 이런 상황에서 9·11 테러가 알카에다 같은 급진주의자들에 의해 일어났다는 점을 깊이 생각해 봐야 한다. 그러나 대부분의 팔레스타인인과 아랍인은 국제법과 유엔 결의안의 범주에서 문제가 해결되기를 바라고 있다. 이 점을 국제 사회는 귀 기울일 필요가 있다.

이슬람 세계의
미래

이슬람을 다시 돌아보게 한 9·11 테러

2001년 9월 11일, 미국 뉴욕의 세계무역센터에 비행기 두 대가 꽂히듯이 부딪혔고 건물은 무너져 내렸다. 워싱턴의 국방부 건물이 폭파되고, 대통령 집무실인 백악관은 가까스로 위기를 넘겼다. 알카에다가 저지른 끔찍한 테러로 3,000명 가까운 무고한 시민들이 목숨을 잃었고, 미국은 물론 전 세계가 테러의 공포에 떨어야 했다. 그 후 지구촌은 테러와의 전쟁으로 고통받고 있다.

반격에 나선 미국은 알카에다의 우두머리인 오사마 빈 라덴을 죽이고, 알카에다 잔당을 잔혹하게 소탕했다. 알카에다를 비호했다는 이유로 아프가니스탄을 공격하고 20년간 점령했다. 심지어 거짓 정보와 명분을 내세워 9·11 테러와 관련이 없는 이라크를 침략해 망가뜨려 놓았다. 영문도 모른 채 가족을 잃은 사람들은 분노와 억울함을 주체하지 못하고 복수의 칼날을 갈았다. 그러나 서방에서는 그들 모두가 반인륜적 테러리스트일 뿐이었다. 이 기회를 틈타 급진 세력들은 다시 활개를 펴기 시작했고, 테러와의 전쟁이 진행될수록 미국과 그 협력자들을 겨냥한 지구촌의 테러는 늘어나고 있다. 미국과 이슬람 세계의 골은 그만큼 깊다. 이슬람 세계는 급진주의자들의 테러와 미국의 지나친 전쟁 게임에 또다시 깊은 좌절과 패배감을 경험해야 했다.

9·11 사건으로 인해 '테러는 곧 이슬람의 테러'라는 생각이 사람들의 뇌리에 박혀, 이슬람은 테러의 종교가 되어 버렸다. 그러나 사실을 알고 보면 이슬람은 억울하게 누명을 쓰고 있다. 그런 점에서 지난 20여 년

은 이슬람 세계에서 보면 '약자의 설움 시대'라고 할 수 있다.

서구는 배고픔에 대한 저항이건 빼앗긴 생존권을 찾기 위한 투쟁이건 영토를 둘러싼 분쟁이건 상관없이, 자신들의 이익과 미국에 위협이 되는 모든 무장 투쟁에 테러라는 잣대를 들이댔다. 대테러 전쟁이라는 미명 아래 이라크, 아프가니스탄, 체첸, 소말리아, 수단 등지에서 전쟁이 일어났다. 팔레스타인의 합법적인 정치 조직들도 테러 조직으로 분류되면서 그들의 기본적 권리가 심각하게 침해당했다. 그들은 국제법의 보호조차 받지 못한 채 끝없는 고통 속으로 내동댕이쳐졌다. 견디다 못한 일부 과격한 세력들은 무모한 저항과 철저한 복수를 시도했다.

알카에다의 9·11 테러도 그 같은 현상으로 볼 수 있다. 무고한 시민들을 상대로 한 알카에다나 IS^{이슬람 국가}의 반인륜적 테러 행위는 이미 이슬람 법정도 단죄했다. 건강한 무슬림 주류 사회의 공감이나 대중적 지지 기반도 상실했다. 이슬람 율법에서는 무장하지 않은 민간인을 겨냥한 어떤 폭력도 인정하지 않는다. 따라서 명백한 반이슬람적 범죄 행위다. 그런데 반이슬람적 테러가 왜 이슬람의 보편적인 얼굴로 묘사되어야 할까?

이제는 찬찬히 이성적으로, 그리고 무엇보다 실체에 근거해 이슬람 문제와 이슬람 세계를 들여다보아야 한다. 이슬람은 57개국, 20억 명 이상, 즉 지구촌 4분의 1에 달하는 세계 최대 단일 문화권이다. 인류 문명의 발상지이고 세계 3대 유일신 종교가 생겨나 인류의 영성 세계를 밝혀 준 곳이다. 나아가 지금 이슬람 세계는 에너지 자원과 자본을 가진 우리의 중요한 동료이고, 미래에도 서로 협력해야 하는 입장에 있다. 언제까지 서구가 만들어 놓은 오류와 고정관념에 갇혀 그들을 버리고 갈 것인가?

21세기 인류의 역사는 9·11 테러 이전과 이후로 크게 나뉠 것이다. 그만큼 충격적이고, 인류가 안고 있는 온갖 문제점이 집약되어 표출된 사건이다. 이 사건은 가진 자들이 더 많이 갖기 위해 오직 앞만 보며 내달릴 때, 소외되고 착취당한 약자들이 얼마나 오랜 시간 분노하며 원망의 응어리를 키워 왔는지를 보여 준다.

석유가 본격적으로 개발되는 1900년대 초부터 석유파동이 일어나는 1970년대 초까지 석유 시장의 국제 유가는 배럴당 2달러 수준이었다. 석유 1배럴이 약 159리터니, 1리터에 15원 정도였다. 그것도 70년간이나. 지금 휘발유의 소비자 가격이 1리터에 2,000원 안팎인 상황을 고려하면 당시 유통 구조의 왜곡과 서구 석유 회사들의 자원 착취는 상상을 초월하는 수준이었다. 오늘날 서구는 중동 석유를 거의 헐값으로 가져다가 선진 공업국으로 발돋움했다. 그러는 사이 중동의 아랍 국가 대부분은 서구의 가혹한 식민지를 경험하면서 수탈과 민족적 모멸을 겪었다. 이러한 무슬림들의 울분은 알카에다 지도자 오사마 빈 라덴의 정치적 선동에서도 잘 드러난다.

"미국은 아랍 석유의 판매를 대행함으로써 노골적으로 그 수익을 도둑질하고 있다. 지난 25년 동안 석유 1배럴이 팔릴 때마다 미국은 135달러를 챙겼다. 이렇게 해서 중동이 도둑맞은 금액은 하루에 40억 5,000만 달러로 추산된다. 이것은 역사상 최대 규모의 도둑질이다. 이런 대규모 사기에 대해 세계의 12억 무슬림은 1인당 3,000만 달러를 보상해 달라고 미국에 요구할 권리가 있다." 로레타 나폴레오니, 《모던 지하드》, 343쪽

이처럼 오사마 빈 라덴의 혁명적이고 격렬한 발언은, 19세기 마르크스가 서구 자본가들이 가난한 나라를 착취하는 것을 맹렬하게 비난한 논조를 연상시킨다. 선동 방식에는 동조할 수 없지만 그의 감성적 호소가 일부 무슬림들에게 먹혀드는 배경은 이해가 된다.

무엇보다 무슬림들은 서구의 식민 통치에 순응할 수가 없었다. 그들은 중세 1,000년을 압도적인 우위로 유럽을 지배한 기억이 있고, 야만 상태에 있던 유럽인들에게 문명이 무엇인지 가르치며 문화 교사 역할을 해왔다. 그런데 이제 치욕적인 지배를 받으며 무지하고 미개한 사람으로 취급받는 자신들의 뒤바뀐 입장을 도저히 받아들일 수 없었다.

750년경 압바스 제국의 성립과 함께 유럽의 노른자위 영토는 이슬람의 수중에 들어오거나 그 위협 아래 있었다. 732년 파리 교외 푸아티에에서 유럽의 뛰어난 지배자 카를 마르텔이 이슬람군을 막아 주지 못했다면 파리를 포함한 유럽 전체는 이슬람화되었을지도 모른다. 압바스 제국은 1258년 몽골에 멸망할 때까지 500년간 세계를 호령했다. 이슬람 제국은 단지 강한 무력과 정치적인 권위만 지녔던 것이 아니다. 과학과 기술, 문학과 인문학에서 세계 최고 수준이었다. 중세 당시 유럽은 서로마 제국 멸망 이후 1,000년 가까이 암흑시대를 보내며 거의 모든 것을 이슬람으로부터 배웠다.

서구와 이슬람 세계의 힘의 관계가 완전히 뒤바뀐 시점을 1798년 나폴레옹의 이집트 점령으로 보는 시각이 많다. 이후 거의 모든 이슬람 세계는 200년 가까이 영국, 프랑스, 이탈리아, 러시아 등 서구의 식민 지배를 경험했다. 1,000년 동안 지배자의 입장에 있다가 자신들이 지배한 바로 그 유럽 사회에 지배당하는 처지를 받아들이기는 매우 어려웠을 것이다. 그래도 대다수 현실적인 무슬림들은 불편함을 숨긴 채 서구를 받아들이려 하고 있다. 중세 때 그들이 전해 준 과학과 기술, 인문학적 깊이라는 유산을 이제는 대부분 서구 유럽 사회가 갖고 있기 때문이다.

문제는 과거의 응어리가 너무 커 서구를 있는 그대로 받아들이지 못하는 급진 이슬람 세력이다. 오사마 빈 라덴이 이끌었던 알카에다 조직도 그중 하나다. 그들을 급진적으로 만든 것은 비열한 서구의 음모와 불공정한 국제 정책이다. 팔레스타인 문제가 불씨였다. 이후 걸프전쟁과 보스니아, 코소보, 체첸, 카슈미르, 아제르바이잔, 동티모르 등지에서 보여 준 미국과 서구의 이슬람 죽이기 정책에 더 이상 앉아서 당할 수 없다는 절박함이 그들을 테러로 내몰았다. 이스라엘 보호라는 절대 가치를 포기하지 않는 미국의 이중 잣대와 노골적인 불공정 게임에 대한 불신, 그동안 쌓인 분노도 테러의 주요 원인이었다.

9·11 테러는 우리 사회에 독과 약을 동시에 가져다 준 사건이다. 이슬람은 곧 테러라는 고정관념을 단단하게 만들었다. 한편 일부에서는 편견 없이 이슬람 세계를 이해하고 무슬림들의 집요한 저항 의식과 반미 정서의 뿌리에 대해 진지하게 질문을 던졌다. 이슬람 관련 책이 수백 종이나 한꺼번에 쏟아져 나왔고, 관심을 끌었다. 9·11 테러는 일회성 테러를 넘어 세계 질서와 가치관에 변화를 가져다준 기폭제가 되었다.

동시에 9·11 테러는 우리의 시선으로 세계를 바라보는 계기를 마련해 주었다. 지금까지 우리는 세계화를 정확히 서구화, 나아가 미국적 기준과 거의 동일한 개념으로 사용했다. 따라서 지구촌 전체를 꿰뚫는 균형 있는 시각과 정보는 부족했다. 반쪽 세계화였던 셈이다. 9·11 테러는 이런 반쪽 세계화에 대한 진지한 성찰의 기회가 되었다. 우리에게 진정한 세계화, 균형 있는 세계화가 무엇인지 인식하게 한 것이다. 지난 반세기 동안 서구와 미국을 향한 지적 편중에 대한 반성과 함께 지금까지 방치해 온 다양한 세계를 우리 입장에서 재조명하자는 대중적 인식이 확산되었다. 이슬람 사회를 이해하는 데 균형 감각이라는 화두가 어느 때보다 강하게 퍼져 나갔다. 세계는 저마다 9·11 테러의 의미를 진지하게 되새기게 되었다.

민주화 시위와 아랍의 미래

2010년 튀니지에서 한 과일 행상의 분신자살로 시작된 시위는 '재스민 혁명'으로 불리며 아랍의 민주화 열풍으로 이어졌다. 독재 정권의 횡포와 인권 유린, 치솟는 물가와 높은 청년 실업률, 변화하는 다른 세상과 비교해 자신들의 참담한 현실에 참다못한 민중이 일으킨 민생 혁명이었다. 청년층과 서민 계층, 여성들이 주축이 되었다. 좀 더 자세히 살펴보면 아랍의 민주화 시위는 부유한 왕정 국가보다는 가난한 비산유국에서, 반미 국가보다는 친미 국가에서 발생하고 있다는 점이 특이하다.

산유국은 권위주의 왕정이라도 석유를 통해 민생을 해결한 반면, 비산유국의 독재 정권들은 30~40년간 국가를 통치해 오면서 부정과 부패를 일삼았다. 특정 계층이 치부를 드러내고 인권을 억압하며 막다른 골목에 와 있었다. 더욱이 식량난으로 생필품 값이 폭등하고 청년 실업률이 늘었다. 이제까지 아랍 독재 정부는 서민들의 폭동을 막기 위해 엄청난 보조금으로 빵 값을 안정시켜 왔다. 그러나 거의 20여 년 동안 안정적이던 빵 값은 국제 곡물가의 폭등으로 두 배 가까이 인상되었다. 치즈, 설탕, 버터, 우유 같은 생필품 값이 오르면서 서민들의 고통이 가중되었다. 동시에 전체 인구의 60퍼센트를 차지하는 30세 이하 청년층의 실업률이 늘어나면서 일자리를 구하지 못한 젊은 세대의 불만이 극에 달했다. 더욱이 국민을 위한다고 선전하던 지도자와 그 자식들의 비리가 〈위키리크스〉에 공개되면서 국민들은 그들의 치부를 속속들이 알게 되었다. 혁명 1세대이자 독립 전쟁의 영웅, 건국의 아버지였던 지도자를 향한 실낱같은 신뢰의 끈마저 끊어졌다. 이러한 배신감은 소셜 네트워크를 타고 분노로 뭉쳤고, 뭉친 힘은 철권통치 체제를 무너뜨렸다. 이렇게 재스민 혁명은 억눌린 반세기를 되찾기 위한, 인간의 근원적 자유를 향한 민주화 시위로 이어졌다.

튀니지 군부 정권이 무너지면서 24년간 집권한 벤 알리 대통령은 금괴를 갖고 사우디아라비아로 망명했다. 미국과 이스라엘의 가장 충실한 우방이던 이집트의 무바라크 정권 또한 무너지면서 초라한 역사의 죄인으로 재판정에 섰다. 피델 카스트로, 김일성과 함께 현대사의 3대 장기 독재자로 군림하던 리비아의 카다피는 42년간의 철권통치 끝에 처참한 종말을 맞았다. 또한 30년 넘게 독재자로 군림해 온 예멘의 살레 대통령도 정권 퇴진 운동으로 쫓겨났고, 부자가 권력을 세습해 철저한 통제와 잔혹한 학살로 일관하던 시리아에서도 무서운 피의 투쟁이 이어지고 있다.

1920년대부터 독립이 시작된 이래 지금까지 아랍 연맹에 가입한 22개 나라 가운데 단 한 나라도 자유선거를 통해 평화적으로 정권을 교체하지 못했다. 이런 상황에서 아랍인들의 새로운 도전과 저항은 21세기 이슬람 민주주의를 향한 의미 있는 출발로 보인다. 그러나 아랍 세계가 치열한 투쟁을 거쳐 곧바로 민주 정권을 수립하리라는 보장은 없다. 나라마다 사정이 크게 다르다. 민주화가 바로 이루어지기 어렵고, 무엇보다 의식주와 일자리, 치안 유지 같은 기본적인 삶의 조건이 갖추어지지 않았기 때문이다. 인권, 민주주의, 자유, 평화도 민생 문제에 앞설 수 없다. 국민들의 요구를 충족시켜 주지 못하면 권위주의 독재정권이 다시 들어서게 될 것이다. 자유로운 선거로 국민이 뽑은 무르시 정권이 군부 쿠데타에 의해 쫓겨나고 1년 만에 다시 독재 체제로 돌아간 이집트가 대표적인 예다.

아랍의 민주화 시위는 실패라기보다는 절반의 성공이다. 민주 정권 수립의 커다란 가능성을 보여 주었기 때문이다. 아랍의 국가들은 군부 독재와 권위주의 정권을 교체하는 최종적인 꿈을 이루지는 못했어도 대대적인 개혁과 인권 개선, 분배 정책을 통한 빈부 격차 해소, 새로운 제도 도입 등 긍정적 변화를 시도하고 있다. 이러한 과도기적 과정을 거친 뒤에는 결국 이슬람의 가치를 바탕으로 서구와 협력하고 공존하는 이슬람식 민주주의가 정착할 것이다.

그런 방향에서 아랍 민주화 혁명 이후의 가장 큰 변화는 급진적 반미 무장 투쟁을 주도하던 이슬람 과격 세력들의 정치적 입지가 크게 줄어든 점이다. 무슬림들이 더는 이슬람을 팔아 과격한 정치 테러를 일삼

튀니지 재스민 혁명 당시 수도 튀니스 중심가에 모인 시위 인파.(위키피디아)

는 행위에 동조하지 않기 때문이다. 나아가 아랍 민주화 시위 이후 중동과 아랍 사회에서 종교를 기반으로 한 국가 정체성과 아랍민족주의가 빠르게 옅어지고 있다. 과거 중동 국가들은 같은 이슬람 국가이자 아랍 민족으로서 연대를 중시했으며 팔레스타인 문제를 중심으로 공통의 대의를 중요시했다. 그러나 최근에는 자국의 이익과 왕정의 안보를 훨씬 더 중요하게 여기게 되었다. 그 결과 사우디아라비아와 이란은 새로운 갈등의 축을 형성하면서도 이해관계에 따라 협력과 공존의 끈을 놓지 않고 있다. 동시에 아랍의 왕정 산유국들은 서방 자본의 유치와 지속 가능한 안보 시스템을 위해 앞다투어 이스라엘과 외교 관계를 맺으면서 경제-안보 동맹을 맺으려 하고 있다.

변화의 시작은 미국의 신중동 정책에서 비롯되었다. 미국은 2018년 이후 셰일가스를 바탕으로 세계 최대의 에너지 국가가 되면서 더는 중동의 석유가 필요 없어졌다. 미국이 이라크와 시리아는 물론 2021년 8월 아프가니스탄에서도 20년 전쟁을 마무리하고 전격적으로 군대를 철수하게 된 배경이다. 중동에서 미국의 유일한 버팀목은 이스라엘이다. 이스라엘은 적대적 이슬람 국가들에 둘러싸여 있다. 그런 구도에서 미국은 이스라엘과 아랍 산유국들 사이에 외교 관계 수립, 나아가 경제-군사 동맹체를 만들어 놓고 자국의 이익을 지키려는 것이다. 그러던 와중에 변수가 생겼다. 2023년 10월 7일, 팔레스타인 가자 지구의 하마스가 이스라엘 본토를 공격하여 1,200여 명의 시민들을 죽이고 200여 명을 인질로 잡는 일이 벌어졌다. 이스라엘은 즉각 전쟁을 선포하고 가자 지구로 침공하여 수많은 민간인 희생자를 냈다.

이스라엘의 집중 공격으로 하마스는 거의 무너졌고, 이스라엘은 자국 안보를 내세우며 이웃 레바논, 시리아, 이라크 등지로 전선을 확대하고 있다. 상황을 더욱 악화시키는 요인은 무조건적인 미국의 이스라엘 보호 정책이다. 이스라엘 건국으로 난민이 된 팔레스타인인들이 국가를 이루고 이스라엘과 이웃해서 평화롭게 공존하자는 두 국가 해법 Two States Solution 도 사실상 물 건너간 상태다. 이처럼 중동의 팔레스타인 문제 해결은 복잡하게 얽혀 있는 지구촌 전체의 과제이다. 팔레스타인인들은 살아온 땅을 이스라엘 이주민들에게 더 많이 양보하고, 이란이나 주변 국가들은 핵을 가진 이스라엘을 상대로 무장 해제에 가까운 포기를 할 때 비로소 이스라엘이 원하는 평화가 찾아올 것이다.

우리와 이슬람 세계

우리 입장에서도 이슬람 세계는 중요하다. 57개국 20억 인구, 지구촌 4분의 1에 해당하는 거대한 단일 문화권을 내버려 둔 채 갈 수는 없기 때문이다. 인류의 평화와 기본 가치를 위협하는 존재인 급진 테러 조직은 과감하게 응징해야겠지만, 우리와 협력하고 서로 도움이 될 수 있는 건강한 무슬림 주류 공동체는 동료로 인정하고 함께 가야 한다. 그러기 위해서는 무슬림이 이룩한 이슬람 문명이 인류에 끼친 공헌, 즉 인류 역사의 흐름을 주도해 온 중동의 역사와 문명을 공부하고 정확하게 이해하려는 자세가 절실히 필요하다.

610년 아라비아 반도에서 시작된 이슬람의 물결은 인류 역사상 가장 빠른 속도로 세상에 퍼져 갔다. 이슬람은 억압과 착취, 전쟁과 무질서로 고통 받던 당시 세상을 뒤엎고 새로운 희망과 도덕관을 사람들에게 심어 주었다. 모두에게 열려 있었고, 인류가 이룩한 과거의 유산을 버리지 않고 끌어안아 재창조하는 데 성공했다. 그리스-로마 문명의 바탕에 페르시아와 비잔틴 문명을 도입하고 인도와 중국의 앞선 기술과 과학적 지식까지 받아들이면서, 이미 9세기 세계 최고 수준의 문명 단계에 도달할 수 있었다. 아직 유럽이 중세 암흑기를 보내고 있을 때 인류 문명을 체계적으로 정리했으며, 이를 실크로드를 따라 전 세계로 전해 주었다. 그리고 세상을 바꾸었다. 철학, 화학, 물리학, 지리학, 천문학, 연금술, 점성술, 섬유, 제련, 음식, 도덕관, 가족 관계, 남녀 관계 등에서 이슬람의 기여는 절대적이었다. 이슬람이 인류에게 준 선물이었다.

서울중앙성원. 1976년에 문을 연 한국 최초의 이슬람 모스크로,
용산구 이태원에 있다.(위키피디아)

오늘날 무슬림들은 한국을 좋아하고 한류 열풍에 휩싸여 있다. 한국과 이슬람 세계는 1,200년간 긴밀한 문화적 접촉과 역사적 교류를 해왔다. 불편한 관계인 적도 없었다. 우리에게는 소중한 협력자다. 지금도 우리가 사용하는 원유와 에너지 자원의 80퍼센트 이상을 이슬람 세계에서 수입하고 있다. 석유뿐인가. 넘치는 오일 달러 경제의 덕택으로 중동 건설 시장은 우리에게 새로운 기회의 땅이었다. 1970년대 초부터 한 해 100만 명 이상의 산업 전사들이 중동에서 땀과 인내를 외화와 맞바꾸었다. 찜통 같은 무더위를 견디며 사막에 고속도로를 깔고, 현대식 빌딩을 지어 황량한 사막의 신기루를 현실로 바꾸어 놓았다. 현대, 대우, 동아 같은 굵직한 건설 회사들이 세계적인 기업으로 도약한 발판도 중동이었다. 그 결과 100억 달러 수출과 1인당 국민소득 1,000달러라는 장밋빛 꿈을 1977년에 달성할 수 있었다. 우리의 경제 발전에 중동 시장은 중요한 견인차 역할을 했고, 지금도 해외 건설, 플랜트 수주의 70퍼센트 이상을 중동에 의존하고 있다.

이제 중동과 이슬람 세계를 지극히 서구 중심의 편견과 고정관념을 갖고 봐서는 안 된다. 우리와의 정치·경제적 이해관계에 초점을 맞춰 우리 눈으로 바라보는 인식의 전환이 필요하다. 이 책이 그동안 잊고 있던 이슬람 문명을 새롭게 이해하는 좋은 길잡이가 되기를 희망한다.

참고 문헌

1 이슬람에 대한 오해

- 앨리스 로버츠, 《인류의 위대한 여행》(책과 함께, 2011), 지주현 옮김.

- 이희수, 《이희수의 이슬람》(청아, 2021)

- 이희수, 《이슬람 문화》(살림, 2003)

- 손주영, 《이슬람: 교리, 사상, 역사》(일조각, 2005)

- 쉐이크 하에리, 《이슬람교 입문》(김영사, 1999), 김정헌 옮김.

- 발터 바이스, 《이슬람교》(예경, 2007), 임진수 옮김.

- 지아우딘 사르다르, 《이슬람》(김영사, 2002), 박지숙 옮김.

- 폴 발타, 《이슬람: 이슬람은 전쟁과 불관용의 종교인가》, (웅진지식하우스, 2007), 정혜용 옮김.

- 안네마리 쉼멜, 《이슬람의 이해》(분도출판사, 1999), 김영경 옮김.

2 이슬람 확산의 비밀

- 프랜시스 로빈슨 외, 《사진과 그림으로 보는 케임브리지 이슬람사》 (시공사, 2002), 손주영 외 옮김.

- 버나드 루이스, 《중동의 역사》(까치, 1998), 이희수 옮김.

- 김정위, 《중동사》(대한교과서, 2005)

- 김용선, 《이슬람의 역사와 그 문화》(명문당, 2002)

- 엘버트 후라니, 《아랍인의 역사》(심산, 2010), 김정명, 홍미정 옮김.

- 타밈 안사리, 《이슬람의 눈으로 본 세계사》(뿌리와이파리, 2011), 류한원 옮김.

- 미야자키 마사카츠, 《하룻밤에 읽는 중동사》(랜덤하우스코리아, 2008), 이규원 옮김.

- 이혜령 외, 《세계의 역사》(한국방송통신대학교 출판부, 2007)

- 이희수 외, 《제3세계의 역사와 문화》(한국방송통신대학교 출판부, 2007)

3 이슬람 학문의 힘

- 조너선 라이언스,
  《지혜의 집, 이슬람은 어떻게 유럽 문명을 바꾸었는가》(책과함께, 2013), 김한영 옮김.
- 버너드 루이스, 《이슬람문명사》(이론과실천, 1994), 김호동 옮김.
- 이희수, 《인류 본사》(휴머니스트, 2022)
- 정수일, 《이슬람 문명》(창비, 2002)

4 이슬람 예술의 꽃, 건축

- 조너선 블룸, 셰일라 블레어, 《이슬람 미술》(한길아트, 2003), 강주헌 옮김.
- 로버트 어윈, 《이슬람 미술》(예경, 2005), 황의갑 옮김.
- 아이라 M. 라피두스, 《이슬람의 세계사》(이산, 2008), 신연성 옮김.
- 이희수, 《터키 박물관 산책》(푸른숲, 2015)

5 이슬람, 유행을 만들다

- 이희수, 《이슬람과 한국문화》(청아, 2012)
- 이희수, 다르유시 아크바르자데,
  《쿠쉬나메: 페르시아 왕자와 신라 공주의 천 년 사랑》(청아, 2014)
- 양승윤 외, 《바다의 실크로드》(청아, 2003)
- 국제한국학회, 《실크로드와 한국문화》(소나무, 2000)

6 이슬람 세계의 운명을 가른 전쟁

- 로베르트 반 데 바이어, 《이슬람과 서양》(좋은글, 2002), 손도태 옮김.

- 김형오, 《술탄과 황제》(21세기북스, 2012)

- 다테야마 료지, 《팔레스타인 그 역사와 현재》(가람기획, 2002), 유공조 옮김.

- 김재명, 《눈물의 땅 팔레스타인》(프로네시스, 2009)

- 김종빈, 《갈등의 핵, 유태인》(효형출판, 2007)

- 오드 시뇰, 《팔레스타인》(웅진지식하우스, 2008), 정재곤 옮김.

- 유공조, 《중동분쟁사》(양서원, 1994)

- 타리크 알리, 《술탄 살라딘》(미래인, 2005), 정영목 옮김.

7 이슬람 세계의 미래

- 로레타 나폴레오니, 《모던 지하드》(시대의창, 2004), 이종인 옮김.

- 로렌스 라이트, 《문명전쟁: 알카에다에서 9·11까지》(다른, 2009), 하정임 옮김.

- 다나카 사카이, 《9·11의 진실》(이다미디어, 2002), 박소영 옮김.

- 김성혜, 《이슬람과 9월 11일》(물푸레, 2001)

- 노엄 촘스키, 《숙명의 트라이앵글》(이후, 2008), 최재훈 옮김.

- 이희수 외, 《서구와 이슬람 세계》(한국방송통신대학교 출판부, 2011)

교과 연계

1 이슬람에 대한 오해

- 중학교   사회1   I-2 위치에 따른 주민 생활

                                            II-4 건조 기후 지역과 툰드라 기후 지역의 생활 모습

                                            IV-1 세계의 다양한 문화 지역

                       역사1   II-3 이슬람 문화의 형성과 확산

- 고등학교   세계사   III-1 서아시아의 여러 제국과 이슬람의 형성

                       세계지리   III-1 주요 종교의 전파와 종교 경관

                       통합사회   VII-1 세계의 다양한 문화

2 이슬람 확산의 비밀

- 중학교   사회1   IV-3 문화의 공존과 갈등

                       역사1   II-3 이슬람 문화의 형성과 확산

- 고등학교   세계사   III-1 서아시아의 여러 제국과 이슬람의 형성

                                            IV-2 유럽 세계의 형성과 동요

3 이슬람 학문의 힘

- 중학교   사회1   I-2 위치에 따른 주민 생활

                       역사1   II-3 이슬람 문화의 형성과 확산

                       수학1   I-1 수와 연산

                       수학2   II-1 수와 식

                       과학2   III-2 지구와 달의 운동

                       과학3   VII-2 은하와 우주

4 이슬람 예술의 꽃, 건축

- 중학교   사회1   Ⅳ-1 세계의 다양한 문화 지역

                역사1   Ⅱ-3 이슬람 문화의 형성과 확산

                미술2   Ⅵ-2 동양 미술

                             Ⅵ-3 서양 미술

- 고등학교   세계사   Ⅳ-2 유럽 세계의 형성과 동요

                세계지리   Ⅲ-1 주요 종교의 전파와 종교 경관

                통합사회   Ⅶ-1 세계의 다양한 문화

5 이슬람, 유행을 만들다

- 중학교   역사1   Ⅱ-2 동아시아 문화의 형성과 확산

                             Ⅱ-3 이슬람 문화의 형성과 확산

                             Ⅲ-1 몽골 제국과 문화 교류

                             Ⅲ-4 신항로 개척과 유럽 지역 질서의 변화

                역사2   Ⅱ-2 남북국의 발전과 변화

- 고등학교   세계사   Ⅱ-2 동아시아 세계의 발전

                             Ⅳ-3 유럽 세계의 변화

6 이슬람 세계의 운명을 가른 전쟁

- 중학교　　역사1　　Ⅱ-2 동아시아 문화의 형성과 확산

　　　　　　　　　　　Ⅱ-4 크리스트교 문화의 형성과 확산

　　　　　　　　　　　Ⅳ-3 서아시아와 인도의 국가 건설 운동

　　　　　　　　　　　Ⅵ-4 현대 세계의 문제 해결을 위한 노력

- 고등학교　세계사　　Ⅳ-2 유럽 세계의 형성과 동요

　　　　　　　　　　　Ⅴ-1 제국주의와 민족 운동

　　　　　　　　　　　Ⅵ-2 21세기의 세계

7 이슬람 세계의 미래

- 중학교　　사회1　　Ⅳ-3 문화의 공존과 갈등

　　　　　　　　　　　Ⅵ-1 자원 분포와 자원을 둘러싼 갈등

　　　　　　　역사1　　Ⅵ-4 현대 세계의 문제 해결을 위한 노력

- 고등학교　세계사　　Ⅵ-2 21세기의 세계

　　　　　　　통합사회　Ⅸ-3 미래 지구촌과 우리의 삶

　　　　　　　세계지리　Ⅲ-5 주요 에너지 자원과 국제 이동

　　　　　　　　　　　Ⅴ-2 주요 자원의 분포 및 이동과 산업 구조

　　　　　　　　　　　Ⅷ-1 경제 세계화에 대응한 경제 블록의 형성

　　　　　　　　　　　Ⅷ-3 세계 평화와 정의를 위한 지구촌의 노력들